漢字

기탄 교과서 한자가
초등 한자교육의 기준이 되겠습니다

기탄의 교육이념과 함께 하며 자녀 교육을 몸소 실천해 주신 수백만 학부모님의 사랑으로 이제 기탄은 학부모님께 자녀교육의 기본이자 시작으로 인식 되고 있습니다. 값비싼 사교육비를 들이지 않고도 '과연 내 아이를 잘 가르칠 수 있을까?' 하고 의구심을 가졌던 분들도 기탄으로 자신 있게 가르치며 남다른 학습효과를 보고 있다고 이구동성으로 말씀하십니다.

최근 들어 기탄교재로 공부하는 어린이들이 폭발적으로 증가하고 있는 것은 그 동안 타성에 젖어 비싼 사교육에만 의존하던 학부모님들의 의식에 일대 변혁이 일어나고 있다는 증거이며, 자녀교육의 새로운 시작을 알리는 메시지라고 생각합니다.

초등한자의 바이블! 기탄교과서한자입니다

기탄교육은 기탄한자(A~D단계) 이후 학습할 수 있는 한자 학습프로그램을 만들어 달라는 학부모님들의 많은 성원에 힘입어 새롭게 기탄교과서한자를 선보이게 되었습니다. 기탄교과서한자는 기탄한자의 연계 학습프로그램으로 초등교과서 90여권을 총 분석, 10만여 한자어를 정리한 방대한 데이터베이스를 확보하였습니다. 이 중 교과서 출현 빈도, 중학교 교육용 필수 한자 범위 내에서 530여 한자어를 국어, 수학, 사회과 탐구 등 다양한 영역의 한자를 학습하게 했습니다.

특히 학교별 학력평가시험(일제고사) 부활로 인해 교과별 영역별 성적표에 성취도가 등급화 되는 것을 반영, 초등 교과서에 실린 각 과목의 한자어와 교과서 유형 문장학습으로 예습, 복습의 효과와 기초 논술력까지 길러줍니다. 뿐만 아니라 한자 카드, 쓰기 보따리, 형성평가가 입체적인 한자 학습을 이끌어갑니다. 또한 중국어에 대한 관심이 늘어가는 것을 고려, 간체자를 익혀 중국어 학습의 연계와 어학능력 계발의 기회를 마련하였습니다. 기탄한자에서 기탄교과서한자까지! 이제 유·초등 한자교육은 기탄한자에 맡겨 주십시오.

부모가 바뀌지 않으면 아이도 바뀌지 않습니다

무조건 비싼 사교육비를 들여서 아이를 남에게 맡긴다고 성적이 좋아지는 것은 아닙니다.
자녀교육은 부모의 사랑과 관심이 있어야 학습효과가 배가됩니다. 이제부터 부모님이 직접 챙겨주세요.
무조건 사교육에 우리 아이들을 맡기기 보다는 아이들 스스로 공부하는 힘을 길러줄 수 있도록 기초교육만큼은 부모님께서 직접 챙겨주세요. 앞으로도 기탄교육은 자녀와 함께 공부할 수 있는 최상의 교재를 만들기 위해 항상 먼저 학부모님의 마음을 들여다 보며 최선의 노력을 다하겠습니다.
기탄을 사랑하는 대한민국 모든 학부모님께 진심으로 감사의 말씀을 드립니다.

(주) 기탄교육 임직원 일동

기탄교과서한자는
초등학교 교과서에 쓰인 한자어를
총체 분석한 어휘력 향상 한자 학습 프로그램입니다

● 초등학교 교과서 90여권을 총분석, 교과서에 쓰인 한자어를 집대성한, 방대한 데이터베이스를 갖추어 학습 한자어를 선정, 발췌하였습니다.

기탄교과서한자는 지금까지 어떤 학습지사에서도 시도하지 않은 과학적, 실용적인 한자어 선정 작업을 거쳤습니다. 초등학교 교과서 90여권에 쓰인 한자어 분석 작업을 성균관대학교 한문학과 학생들에게 의뢰하여 10만여 한자어를 정리한 방대한 양의 데이터베이스를 갖추었습니다. 이중 교과서 출현 빈도와 실용도, 한자 학습상의 난이도를 고려하고, 중학교 교육용 필수한자의 범위 내에서 530여 한자어를 선정하여 국어, 수학, 사회과 탐구, 음악, 미술 등 다양한 영역에서 실용도 높은 한자어를 학습하게 됩니다. 또한 커리큘럼의 전개 방식은 학습자들이 낱낱의 한자 암기가 아닌, 교과서 예문 유형의 문장 속에서 한자와 한자어의 쓰임을 체득하여 어휘력을 신장시킬 수 있는 한자 학습 프로그램입니다.

● 낱개의 한자 학습 뿐만 아니라 언어 사고력을 높여 초·중·고등학교의 학력 평가와 논술의 기초 능력을 길러 줍니다.

초·중·고등학교의 시험이 달라집니다. 8년 전 폐지되었던 학교별 학력 평가 시험(일제고사)이 시행되고 교과별, 영역별 성적표에 성취도가 등급화 되어 반영됩니다. 또, 2007학년도부터 중·고등 내신평가에서 종전의 단답형 시험유형을 줄이고 논술, 서술형의 시험문항 출제 비중이 50%로 확대되어 집니다. 기탄교과서한자는 초등학교 교과서에 실린 각 과목의 한자어와 교과서 유형 문장 학습으로 학습내용의 예습, 복습의 효과와 논술의 기초 능력까지 길러 줍니다.

● 학습자 스스로 한자의 무궁무진한 조어(造語)기능, 의미 함축 기능, 의미 확인 기능을 직접 체험할 수 있도록 구성하였습니다.

▶ 기탄교과서한자에서는 기초과정에서 이미 학습한 한자와 새로 배우는 한자를 더하여 교과서에 쓰인 한자어를 익히게 됩니다. 이러한 학습 과정을 통해 한자가 가진 조어력(造語力)을 아이들 스스로 체험해가며 조어와 독해의 원리까지 깨닫게 됩니다.

信 + 用 …… 信用 언행이나 약속이 틀림이 없을 것으로 믿음
信 + 義 …… 信義 믿음과 의리
信 + 念 …… 信念 굳게 믿어 의심하지 않는 마음

▶ 기탄교과서한자에서는 한자의 의미함축 기능을 익혀 전문화된 용어의 이해를 돕고, 아이들이 사용할 수 있게 됩니다. 한자는 뜻글자로서 하나의 한자마다 뜻을 함축하고 있어 전문용어나 고등지식의 습득을 용이하게 합니다.

투수? …… 던질 투(投) 손 수(手)
그러면 던지는 손. 아하! 던지는 사람
…… 사전적 의미
야구에서 내야의 중앙에 위치하여 포수를 향해 공을 던지는 사람

▶ 기탄교과서한자에서는 한자의 의미 확인 기능을 익혀 언어의 바른 의미를 쉽게 파악할 수 있습니다. 한글로 쓰인 '의사'는 대략 8개 정도의 뜻을 지니고 있어 醫師(의사)인지, 意思(의사)인지, 아니면 義士(의사)인지 알기 어렵습니다. 그러나 한자를 익히면 의미가 명시적으로 드러나 그 뜻을 바로 확인할 수 있습니다.

의사 …… 意思 : 무엇을 하려고 하는 생각이나 마음
…… 義士 : 의리와 지조를 굳게 지키는 사람
…… 醫師 : 의술과 약으로 병을 고치는 직업에 종사하는 사람

기탄교과서한자는
낱개의 한자 학습 뿐만 아니라 언어 사고력을 높여
논술의 기초 능력까지 향상시키는 프로그램입니다

● 초등학교 교과서에 쓰인 한자어를 학습합니다.
　초등학교 교과서에 쓰인 중학교 교육용 한자 900자 범위의 한자어를 사용 빈도, 출현 횟수, 한자 학습상의 난이도를 고려하여 학습 한자와 한자어를 선정하였습니다. 이는 종래의 한자 중심의 배열방식에서 벗어나 실용한자를 익혀 학습자의 언어 사고력을 높여 학습능력을 높이는 학습목표를 담아낸 것입니다.

● 한자의 특성을 학습자가 체험하며 깨닫는 원리체험 학습 프로그램입니다.
　한자가 갖는 문자학적 특징은 조어력, 의미 함축성, 의미 명시성이 있습니다. 기탄교과서한자에서는 학습자가 스스로 이러한 특성을 깨달을 수 있게 됩니다. A~D단계의 학습으로 기초적인 상형, 지사자를 익힌 아이들은 기초적인 한자와 새로 배우게 될 한자의 결합, 즉 조어(造語)과정을 몸소 체험하며 깨달을 수 있게 됩니다. 이러한 경험으로 처음 만나는 단어를 접할지라도 그 의미를 유추하고 파악할 수 있는 능력을 기르도록 개발되었습니다.

● 문학, 인문, 역사, 위인, 실용문 등 다양한 영역의 폭넓은 소재를 통해 한자를 흥미롭게 학습합니다.
　교과서에 실린 한자어를 교과서 유형의 단문 뿐만 아니라 다양한 글감들을 통해 심화학습하게 됩니다. 동화작가의 창작동화, 위인이야기, 시, 신문, 전래동화 등 문학, 인문, 역사, 위인, 실용문 등을 통해 한자를 흥미롭게 익힐 수 있도록 구성하였습니다.

● 기출 한자의 복습 재생으로 파지 효과를 높일 수 있습니다.
　3주마다 한 번씩 독립된 복습주를 운용하여 학습내용의 파지 효과를 높일 수 있습니다. 또 매 장마다 앞서 배운 한자를 하단에 기재하여 교재내의 사전적 기능을 높이고 자학자습이 가능하도록 구성하였습니다.

● 한자 카드, 쓰기 보따리, 형성평가를 이용한 입체적 학습 방법론을 제시하였습니다.
　학습지를 읽고 풀이하는 학습과 병행하여 한자 카드를 통한 훈음 기억 학습, 쓰기 보따리를 이용한 한자 암기 학습, 형성평가를 통한 자가 진단 등 주교재 이외의 학습 도구를 제시하였습니다. 이러한 보조교재들을 통해 아이들은 지루하지 않게 한자를 익히고 실력을 향상 시킬 수 있습니다.

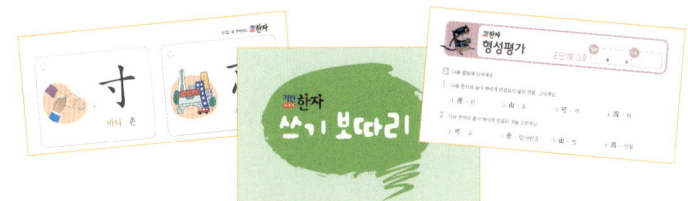

● 간체자를 익혀 중국어 학습의 연계와 어학 능력 계발의 기회를 마련하였습니다.
　학습 한자에 해당되는 간체자를 제시하여 한자 학습의 실용도를 높였습니다. 간체자를 아이가 모두 암기하지 못하더라도 간체자의 개념을 알게 되고, 중국어 학습에 자발적인 흥미유발의 기회가 될 수 있습니다.

어렸을 때 배운 한자는 평생을 통해 활용됩니다
한자 학습의 중요성이 날로 높아지고 있습니다

● 한자 학습은 왜 필요할까요?

한자 학습은 이제 선택이 아닌 필수가 되었습니다. 우리의 언어 생활에 반드시 필요한 영역이라는 인식과 함께 한자가 지닌 학문적 전이성, 시대적 필요성 등이 재해석 되고 있기 때문입니다.

첫째, 우리말의 70% 이상이 한자어로 이루어졌기 때문에 기본적인 언어 생활에 도움을 줍니다. 곧 우리말을 바르게 이해하고 올바른 국어 생활을 하기 위해서는 한자를 아는 것이 필수적입니다.

둘째, 국어, 수학, 사회, 역사, 외국어 등 다른 학과 공부에 많은 도움을 줍니다. 예를 들어 수학을 공부할 때 분자(分子), 분모(分母), 분수(分數) 등 한자를 알고 있는 아이라면 수학의 개념도 훨씬 더 쉽고 정확하게 이해할 수 있습니다. 이렇게 한자는 타과목의 도구 교과적인 성격을 갖고 있습니다.

셋째, 어휘력과 이해력의 신장으로 문장 의미 파악이 쉬워져 책을 가까이 하는 아이로 만들어 줍니다. 한자는 조어력(造語力)과 의미 함축성이 매우 뛰어난 문자입니다. 이러한 이유로 전문서적이나 학술 용어 등은 한자로 표현되어 있습니다. 많은 양의 독서 경험은 곧 아이의 생각하는 힘과 창의력을 길러 줍니다.

넷째, 한자나 한문에는 선인들의 지혜와 윤리관이 배어 있어 바람직한 가치관과 예의범절을 배울 수 있습니다. 고전, 명문 속에 담긴 효행, 우애, 경로 등 사상적인 유산을 통해 바람직한 가치관을 가질 수 있고 나아가 사람이 해야 할 도리, 어른을 공경하는 자세, 학문을 배우는 자세 등도 익힐 수 있습니다.

● 한자 학습의 추세는 어떤가요?

한자 사용을 사대주의적 발상, 중국의 문자 차용이라고 보는 종전의 시각에서 벗어나 이제는 우리 언어의 일부라는 인식이 확대되어 초등학생부터 성인까지 한자 학습 열풍이 불고 있습니다.

첫째, 한자능력검정시험의 자격증이 국가 공인 자격증으로 인정됨에 따라 유아~성인에 이르기까지 한자 학습 붐이 일고 있습니다.

둘째, 21세기의 주역으로 한자 문화권이 급부상함에 따라 중국어, 일본어의 기초로서 한자 학습의 열기가 높아지고 있습니다. 한자는 세계인구의 1/4이 사용하고 있는 국제 문자로서 앞으로 그 중요성은 날로 높아질 것입니다.

셋째, 2005년부터 대학 수학 능력 시험 외국어 영역에 한문 과목이 추가되고 중·고등학교의 시험 출제 유형에서 논술 유형 출제 비중이 높아짐에 따라 한자 학습의 조기 교육이 일반화되어 가고 있는 상황입니다.

넷째, 대부분의 초등학교에서 재량시간으로 한자 학습을 시행하고 있습니다. 70년대 이후 한자 교육을 전혀 받지 못했던 부모님들과는 달리 현재 대부분의 초등학생들이 한자를 배우고 있습니다.

다섯째, 각종 공문서, 도로 표지판 등에 한자를 병기하는 국가 정책과 경제계, 교육계 등 각계의 한자 학습 요구에 대한 발표로 한자 학습의 중요성은 더욱 높아지고 있는 상황입니다.

한자 학습은 아이의 두뇌를 개발해 줍니다
한자 학습의 체계! 기탄한자가 잡아 줍니다

● 한자 학습의 효과는 무엇인가요?

▶ 한자는 그림에서 시작된 문자로서 구체적 이미지 자체가 곧 문자가 되었습니다. 이러한 시각적 이미지를 통한 학습은 곧 아동의 우뇌를 자극해 줍니다.

▶ 한자는 하나의 기초 개념에서 새로운 개념을 창출해 나갑니다. 이러한 과정을 통하여 아동의 창의력, 어휘력을 길러 줍니다.

▶ 한자는 저마다의 뜻, 소리, 모양을 각기 지닌 문자입니다. 이렇게 저마다의 뜻과 소리, 모양을 분석하는 연습을 통해 아동의 좌뇌 발달을 돕습니다.

▶ 한자는 부수와 몸이라는 수많은 부속품들의 조합으로 이루어진 문자입니다. 이러한 부속품들의 분리와 합체 과정을 통해 아이의 좌뇌를 발달하게 하고 논리력, 분석력을 키워 줍니다.

▶ 한자가 갖는 문자학적 특징은 조어력, 의미 함축성, 의미 명시성이 있습니다. 이미 만들어진 한자와 한자를 결합하여 새로운 단어를 만드는 조어력, 의미를 함축적으로 표현할 수 있는 의미 함축성, 의미가 바로 드러나는 의미 명시성이 있습니다.

한자 학습의 연구가 활발히 이루어지는 일본에서는 한자 학습의 시기가 빠를수록 좋다고 합니다. 그것은 우뇌 발달 시기인 6세 이전에 표의문자를 더 쉽게 받아들일 수 있으며, 초등학교 1학년 때가 가장 높은 효과를 보인다는 주장입니다. 그러므로 어른들의 관점으로 한자가 유아들에게 어렵다는 편견은 버려야 하며 한글을 어느 정도 읽을 수 있는 시기라면 한자 학습의 적기라고 할 수 있습니다.

● 기탄한자는 어떻게 구성되었나요?

▶ 기탄한자는 그림과 놀이로 시작하는 기초 한자 과정에서부터 고전명저의 명문장까지 한자 학습의 체계를 세우는 프로그램입니다. 중학교 교육용 한자 900자의 범위에서 기초한자(낱자)과정 ➜ 조어(교과서 한자어)과정 ➜ 문장(고전)과정의 학습까지 한자 학습의 체계를 세우는 학습목표로 개발되었습니다.

▶ 기초한자(낱자)과정(A단계~D단계)에서는 한자를 처음 시작하는 유아에서 한자 학습의 경험이 없는 초등학교 2학년생을 대상으로 상형자, 지사자 등 쉬운 개념의 기초한자 168자를 익히게 됩니다.
시각 이미지를 통한 그림한자의 각인과 다양한 부교재를 통한 놀이 학습으로 재미있게 학습하는 특성을 지니고 있습니다. 또, 최고의 일러스트와 세련된 디자인으로 아동의 정서적 심미감을 기를 수 있는 프로그램입니다. 기존의 한자 교재와는 차별화된 학습 효과를 얻을 수 있습니다.

▶ 조어(교과서 한자어)과정(E단계~G단계)에서는 총 90여권의 초등학교 교과서에 쓰인 모든 한자어를 사용 빈도와 한자 난이도에 따라 분석한 방대한 양의 데이터베이스를 갖추어 156자의 학습 한자와 530여 한자어를 선정하였습니다.

신출 한자와 이미 학습한 기출 한자를 조합하여 새로운 어휘를 만들어 내는 무궁무진한 조어(造語)의 원리를 아이가 스스로 깨달아 이해력과 어휘력이 높은 아이로 자라나게 해줍니다. 또 단편적인 한자 암기 학습에서 벗어나 국어, 수학, 사회, 과학 영역의 다양한 예문 학습과 창작 동화, 인물, 시, 신문, 고전이야기 등의 학습으로 학교 수업에 자신감을 길러 주고 나아가 어휘력, 사고력 향상으로 논술의 기초 능력까지 배양해 줍니다.

구성내용

A·B단계 교재별 구성내용은 이렇습니다

◆ 기탄한자 **A단계** 호별 학습 내용 및 부교재

집	호		학습 한자	학습 한자어	부교재
1집	1	1a ~ 12a	山, 川, 日	강산, 등산/ 하천, 산천/ 일기, 일월	한자 모형 놀이 한자 카드 한자어 카드
	2	13a ~ 24a	月, 火, 水	반월, 월급/ 火산, 火재/ 水영장, 水요일	
	3	25a ~ 36a	木, 金, 土	木수, 식木일/ 金구, 황金/ 국土, 土지	
	4	37a ~ 48a	복습+놀이 학습	복습	
2집	5	49a ~ 60a	一, 二, 三	一등, 통一/ 二층, 二학년/ 三각형, 三총사	한자 창열기 놀이 한자 카드 한자어 카드
	6	61a ~ 72a	四, 五, 六	四방, 四계절/ 五선지, 五월/ 六학년, 六반	
	7	73a ~ 84a	七, 八, 九	북두七성, 七면조/ 八도강산, 八방미인/ 九관조, 九구단	
	8	85a ~ 96a	복습+놀이 학습	복습	
3집	9	97a ~ 108a	十, 百, 千	十자가, 十월/ 百점, 百화점/ 千자문, 千리마	한자 파노라마 놀이 한자 카드 한자어 카드
	10	109a ~ 120a	耳, 目, 口	耳목, 耳비인후과/ 제目, 면目/ 식口, 출입口	
	11	121a ~ 132a	人, 手, 足	人간, 人형/ 手술, 선手/ 足구, 수足	
	12	133a ~ 144a	복습+놀이 학습	복습	
4집	13	145a ~ 156a	田, 石, 玉	유田, 대田/ 石공, 石굴암/ 백玉, 玉동자	한자 브로마이드 한자 카드
	14	157a ~ 168a	力, 大, 小	인力거, 풍力/ 大학생, 大가족/ 小아과, 小인국	
	15	169a ~ 180a	上, 中, 下	上의, 上행선/ 中국, 中심/ 下교, 下인	
	16	181a ~ 192a	복습+총괄 평가+놀이 학습	복습	

◆ 기탄한자 **B단계** 호별 학습 내용 및 부교재

집	호		학습 한자	학습 한자어	부교재
1집	1	1a ~ 12a	犬, 牛, 羊	충犬, 애犬/ 牛유, 牛마차/ 羊모, 백羊	한자 모형 놀이 한자 카드 한자어 카드
	2	13a ~ 24a	父, 母, 子	父母, 父子/ 母녀, 학부母/ 子녀, 여子	
	3	25a ~ 36a	生, 心, 身	生일, 선生/ 心신, 안心/ 身체, 身장	
	4	37a ~ 48a	복습+놀이 학습	복습	
2집	5	49a ~ 60a	車, 士, 己	車도, 자전車/ 군士, 박士/ 자己, 극己	한자 창열기 놀이 한자 카드 한자어 카드
	6	61a ~ 72a	自, 工, 門	自동차, 自연/ 목工, 工장/ 대門, 창門	
	7	73a ~ 84a	刀, 王, 白	단刀, 은장刀/ 王자, 국王/ 白지, 흑白	
	8	85a ~ 96a	복습+놀이 학습	복습	
3집	9	97a ~ 108a	魚, 貝, 鳥	인魚, 魚항/ 貝물, 貝총/ 백鳥, 길鳥	한자 파노라마 놀이 한자 카드 한자어 카드
	10	109a ~ 120a	主, 册, 雨	主인, 主객/ 册상, 공册/ 雨산, 雨의	
	11	121a ~ 132a	風, 里, 竹	風차, 강風/ 里장, 里정표/ 竹림, 竹도	
	12	133a ~ 144a	복습+놀이 학습	복습	
4집	13	145a ~ 156a	草, 花, 馬	약草, 草가/ 무궁花, 花원/ 경馬장, 馬부	한자 브로마이드 한자 카드
	14	157a ~ 168a	男, 女, 夕	男녀, 미男/ 소女, 선女/ 夕양, 추夕	
	15	169a ~ 180a	舌, 齒, 面	작舌차, 舌음/ 齒과, 충齒/ 가面, 수面	
	16	181a ~ 192a	복습+총괄 평가+놀이 학습	복습	

C·D단계 교재별 구성내용은 이렇습니다

◆ 기탄한자 C단계 호별 학습 내용 및 부교재

집	호		학습 한자	학습 한자어	부교재
1집	1	1a ~ 12a	文, 化, 言, 才	文인, 文신/ 化석, 문化/ 言어, 言론/ 다才, 천才	한자 맞추기 놀이 한자 카드 한자어 카드
	2	13a ~ 24a	兄, 弟, 交, 友	兄제, 학부兄/ 의형弟, 弟자/ 交통, 외交/ 교友, 전友	
	3	25a ~ 36a	多, 少, 血, 肉	多정, 多少/ 少녀, 노少/ 심血, 血육/ 肉식, 肉신	
	4	37a ~ 48a	복습+놀이 학습	복습	
2집	5	49a ~ 60a	出, 入, 內, 外	出구, 出생/ 入구, 출入/ 국內, 차內/ 外국, 內外	한자 병풍 놀이 한자 카드 한자어 카드
	6	61a ~ 72a	去, 來, 立, 坐	去래, 과去/ 來일, 미來/ 자立, 立동/ 정坐	
	7	73a ~ 84a	光, 明, 行, 步	光명, 풍光/ 문明, 明월/ 신行, 行진/ 步병, 步행	
	8	85a ~ 96a	복습+놀이 학습	복습	
3집	9	97a ~ 108a	天, 地, 江, 河	天사, 天국/ 천地, 地구/ 江산, 江촌/ 河천, 은河수	한자 주사위 놀이 한자 카드 한자어 카드
	10	109a ~ 120a	毛, 皮, 角, 蟲	毛피, 양毛/ 목皮, 皮혁/ 녹角, 직角/ 초蟲, 해蟲	
	11	121a ~ 132a	古, 今, 衣, 食	古목, 古서/ 고今, 今일/ 우衣, 하衣/ 외食, 초食	
	12	133a ~ 144a	복습+놀이 학습	복습	
4집	13	145a ~ 156a	君, 臣, 兵, 卒	君주, 君신/ 臣하, 충臣/ 兵사, 兵력/ 卒병, 卒업	한자 브로마이드 한자 카드
	14	157a ~ 168a	方, 向, 左, 右	지方, 方향/ 풍向, 남向/ 左우, 左향左/ 右회전, 좌右명	
	15	169a ~ 180a	本, 末, 分, 合	근本, 本인/ 末일, 本末/ 分교, 分수/ 合창, 合심	
	16	181a ~ 192a	복습+총괄 평가+놀이 학습	복습	

◆ 기탄한자 D단계 호별 학습 내용 및 부교재

집	호		학습 한자	학습 한자어	부교재
1집	1	1a ~ 12a	靑, 赤, 音, 色	靑산, 靑년/ 赤색, 赤십자/ 音악, 音색/ 色지	한자 맞추기 놀이 한자 카드 한자어 카드
	2	13a ~ 24a	住, 所, 姓, 名	의식住, 住택/ 所감, 장所/ 姓명, 백姓/ 名작, 지名	
	3	25a ~ 36a	利, 用, 有, 無	利용, 예利/ 공用, 식用/ 有명, 소有/ 無인도, 無례	
	4	37a ~ 48a	복습+놀이 학습	복습	
2집	5	49a ~ 60a	公, 平, 意, 思	公공, 公무원/ 平화, 平야/ 意견, 동意/ 思고, 思상	한자 병풍 놀이 한자 카드 한자어 카드
	6	61a ~ 72a	老, 弱, 貧, 富	老인, 원老/ 弱세, 노弱/ 貧약, 貧털/ 富귀, 富자	
	7	73a ~ 84a	正, 直, 忠, 孝	正직, 正답/ 直선, 直각/ 忠성, 忠언/ 孝도, 孝녀	
	8	85a ~ 96a	복습+놀이 학습	복습	
3집	9	97a ~ 108a	前, 後, 走, 止	역前, 오前/ 오後, 식後/ 활走로, 경走/ 止혈, 금止	한자 주사위 놀이 한자 카드 한자어 카드
	10	109a ~ 120a	法, 道, 完, 全	法률, 法원/ 道로, 道덕/ 完승, 完성/ 全국, 안全	
	11	121a ~ 132a	善, 惡, 長, 短	善악, 善행/ 惡마, 惡몽/ 長검, 사長/ 장短, 短명	
	12	133a ~ 144a	복습+놀이 학습	복습	
4집	13	145a ~ 156a	世, 界, 國, 家	世계, 출世/ 외界, 정界/ 國왕, 國어/ 家족, 작家	한자 브로마이드 한자 카드
	14	157a ~ 168a	東, 西, 見, 聞	東서남북, 東해/ 西구, 西부/ 발見, 見학/ 신聞, 풍聞	
	15	169a ~ 180a	南, 北, 兒, 童	南극, 南대문/ 北극, 北상/ 유兒, 兒동/ 목童, 童화	
	16	181a ~ 192a	복습+총괄 평가+놀이 학습	복습	

구성내용

E단계 교재별 구성내용은 이렇습니다

◆ 기탄교과서한자 E단계 호별 학습 내용 및 부교재

집	호		학습 한자	학습 한자어		심화 영역		부교재
1집	1	1a~16a	寸京品市	寸 : 四寸, 外三寸, 四寸間 品 : 食品, 用品, 作品	京 : 上京, 京畿道, 京仁線 市 : 市内, 市場, 市立	창작동화	소중한 지폐 한 장 1	한자 카드 쓰기보따리 형성평가
						고사성어	水魚之交	
						시	사랑스런 추억 - 윤동주	
	2	17a~32a	巨具各曲	巨 : 巨人, 巨大, 巨木 各 : 各各, 各自, 各國	具 : 家具, 道具, 用具 曲 : 作曲, 曲線, 行進曲	창작동화	소중한 지폐 한 장 2	
						고사성어	他山之石	
						시	봄 - 빅토르 위고	
	3	33a~48a	可由原因	可 : 可能, 可決, 不可能 原 : 原子力, 原因, 草原	由 : 自由, 由來, 理由 因 : 原因, 因果, 要因	창작동화	슬기로운 재판 1	
						고사성어	見物生心	
						시	절정 - 이육사	
	4	49a~64a	복습	복습		창작동화	슬기로운 재판 2	
						고사성어	漁夫之利	
						시	동방의 등불 - 타고르	
2집	5	65a~80a	同求失反	同 : 同生, 同行, 合同 失 : 失手, 失明, 失言	求 : 求心力, 要求, 求人 反 : 反面, 反省, 反共	창작동화	닭이 사람과 함께 살게 된 이유 1	한자 카드 쓰기보따리 형성평가
						고사성어	五十步百步	
						시	접동새 - 김소월	
	6	81a~96a	告共首民	告 : 忠告, 原告, 告白 首 : 自首, 首弟子, 首相	共 : 共同, 公共, 共生 民 : 市民, 國民, 民心	창작동화	닭이 사람과 함께 살게 된 이유 2	
						고사성어	登龍門	
						시	눈 내린 아침 - 이인로	
	7	97a~112a	元先年回	元 : 元日, 元金, 元來 年 : 少年, 靑年, 一年	先 : 先生, 先山, 先王 回 : 一回用品, 河回, 回轉	창작동화	쇠를 먹는 쥐 1	
						고사성어	馬耳東風	
						시	눈 오는 저녁 - 김소월	
	8	113a~128a	복습	복습		창작동화	쇠를 먹는 쥐 2	
						고사성어	白眉	
						시	만돌이 - 윤동주	
3집	9	129a~144a	不非未必	不 : 不足, 不公平, 不平 未 : 未安, 未來, 未完成	非 : 非行, 是非, 非常口 必 : 必要, 生必品, 不必要	창작동화	세 친구 1	한자 카드 쓰기보따리 형성평가
						고사성어	多多益善	
						시	삶이 그대를 속일지라도 - 푸슈킨	
	10	145a~160a	知加字幸	知 : 知人, 知己, 告知 字 : 文字, 數字, 十字	加 : 加入, 加味, 加工 幸 : 多幸, 不幸, 幸福	창작동화	세 친구 2	
						고사성어	聞一知十	
						시	집 - 김영랑	
	11	161a~176a	表形味香	表 : 表面, 表情, 表明 味 : 意味, 風味, 口味	形 : 人形, 三角形, 地形 香 : 香水, 香氣, 香	창작동화	꿀강아지 1	
						고사성어	知音	
						시	올벼 고개 숙이고 - 이현보	
	12	177a~192a	복습	복습		창작동화	꿀강아지 2	
						고사성어	竹馬故友	
						시	행복 - 한용운	
4집	13	193a~208a	星軍相和	星 : 行星, 天王星, 北斗七星 相 : 首相, 人相, 色相	軍 : 軍人, 國軍, 軍士 和 : 平和, 和音, 共和國	창작동화	흰 코끼리의 전설	한자 카드 쓰기보따리 형성평가
						고사성어	千里眼	
						시	나그네의 밤 노래 - 괴테	
	14	209a~224a	單別命祖	單 : 單元, 名單, 食單 命 : 生命, 人命, 命令	別 : 別名, 別世, 分別 祖 : 先祖, 祖上, 祖父母	창작동화	뱀이 기어 다니게 된 이유 1	
						고사성어	朝三暮四	
						시	말 없는 청산이오 - 성혼	
	15	225a~240a	居章異再	居 : 住居, 居室, 同居 異 : 異常, 異意, 大同小異	章 : 文章, 圖章, 樂章 再 : 再生, 再活用, 再三	창작동화	뱀이 기어 다니게 된 이유 2	
						고사성어	一擧兩得	
						시	〈사랑〉을 사랑하여요 - 한용운	
	16	241a~256a	복습	복습		창작동화	뱀이 기어 다니게 된 이유 3	
						고사성어	溫故知新	
						시	삶의 아침인사 - 애너 리티셔 바볼드	

F단계 교재별 구성내용은 이렇습니다

◆ 기탄교과서한자 F단계 호별 학습 내용 및 부교재

집	호		학습 한자	학습 한자어		심화 영역		부교재
1집	1	1a~16a	仁 仙 信 休	仁:仁川, 仁祖, 仁君 信:信用, 自信, 信念	仙:仙女, 水仙花, 仙人 休:公休日, 休火山, 休息	창작동화	달밤에 얻은 행운 1	한자 카드 쓰기보따리 형성평가
						고사성어	天高馬肥	
						전래동화	빨간부채 파란부채	
	2	17a~32a	安 宅 官 容	安:未安, 安心, 安全 官:法官, 官家, 外交官	宅:住宅, 自宅, 宅地 容:容恕, 內容, 美容	창작동화	달밤에 얻은 행운 2	
						고사성어	大器晩成	
						전래동화	사만년을 산 사람	
	3	33a~48a	海 洋 漁 洗	海:地中海, 東海, 海外 漁:漁夫, 漁村, 出漁	洋:東洋, 西洋, 海洋 洗:洗手, 洗車, 洗面	창작동화	백일홍이야기 1	
						고사성어	孟母三遷	
						전래동화	소금을 만드는 맷돌	
	4	49a~64a	복습	복습		창작동화	백일홍이야기 2	
						고사성어	蛇足	
						전래동화	우렁각시	
2집	5	65a~80a	他 位 俗 保	他:他人, 他地, 自他 俗:民俗, 風俗, 世俗	位:方位, 品位, 單位 保:保全, 安保, 保有	창작동화	꾀 많은 장님 1	한자 카드 쓰기보따리 형성평가
						고사성어	梁上君子	
						전래동화	꼭두각시와 목도령	
	6	81a~96a	守 室 客 定	守:守則, 保守, 守兵 客:主客, 客室, 客地	室:室內, 居室, 王室 定:一定, 決定, 安定	창작동화	꾀 많은 장님 2	
						고사성어	良藥苦於口	
						전래동화	잊으라 한 건 안 잊고	
	7	97a~112a	林 村 材 校	林:山林, 國有林, 竹林 材:木材, 石材, 人材	村:山村, 漁村, 民俗村 校:下校, 校長, 校門	창작동화	바보 영웅 이야기 1	
						고사성어	座右銘	
						전래동화	반쪽이	
	8	113a~128a	복습	복습		창작동화	바보 영웅 이야기 2	
						고사성어	矛盾	
						전래동화	고양이와 푸른 구슬	
3집	9	129a~144a	決 洞 注 流	決:決定, 決心, 可決 注:注文, 注意, 注目	洞:洞口, 洞長, 仁寺洞 流:上流, 交流, 流行	창작동화	괴물 잡은 이발사	한자 카드 쓰기보따리 형성평가
						고사성어	同床異夢	
						전래동화	임자가 따로 있는 요술 궤짝	
	10	145a~160a	便 作 使 代	便:便利, 便安, 大便 使:使用, 天使, 使臣	作:作心三日, 作用, 作品 代:古代, 代表, 代身	창작동화	수수께끼 하나	
						고사성어	結草報恩	
						전래동화	배나무골 이도령	
	11	161a~176a	念 志 感 想	念:信念, 記念, 一念 感:共感, 自信感, 所感	志:意志, 同志, 志士 想:回想, 思想, 感想	창작동화	행운을 찾아다니는 사나이 1	
						고사성어	井中之蛙	
						전래동화	하늘 나라 밭 구경	
	12	177a~192a	복습	복습		창작동화	행운을 찾아다니는 사나이 2	
						고사성어	近墨者黑	
						전래동화	송뭉치 꼬리가 된 토끼	
4집	13	193a~208a	計 記 語 詩	計:時計, 合計, 生計 語:用語, 國語, 言語	記:日記, 記入, 記念 詩:童詩, 詩人, 三行詩	창작동화	그림자 없는 탑 1	한자 카드 쓰기보따리 형성평가
						고사성어	有備無患	
						전래동화	은혜 갚은 까치	
	14	209a~224a	情 性 進 造	情:人情, 友情, 心情 進:行進, 進出, 先進國	性:性品, 性情, 女性 造:造成, 造形, 人造	창작동화	그림자 없는 탑 2	
						고사성어	走馬看山	
						전래동화	두 개가 된 금덩이	
	15	225a~240a	始 好 雲 雪	始:始作, 元始, 始祖 雲:星雲, 白雲, 靑雲	好:同好人, 好意, 好感 雪:白雪, 雪景, 雪山	창작동화	그림자 없는 탑 3	
						고사성어	螢雪之功	
						전래동화	구렁이 신랑	
	16	241a~256a	복습	복습		창작동화	그림자 없는 탑 4	
						고사성어	苦盡甘來	
						전래동화	바리공주	

구성내용

G단계 교재별 구성내용은 이렇습니다

◆ 기탄교과서한자 G단계 호별 학습 내용 및 부교재

집	호		학습 한자	학습 한자어	심화 영역		부교재
1집	1	1a~16a	果實夫婦美	果 : 成果, 果實, 靑果, 無花果 實 : 行實, 實力, 實生活, 口實 夫 : 工夫, 夫子, 夫人, 漁夫 婦 : 主婦, 夫婦, 婦人, 婦女子 美 : 美化員, 美國人, 美人, 美化	인물	마크 트웨인	한자 카드 쓰기보따리 형성평가
					창작동화	소가 골라준 새 신랑 1	
					고사성어	改過遷善	
					기사문	돈 더 버는 아내 집안일 더 한다	
	2	17a~32a	重要活動得	重 : 重要, 所重, 貴重, 重大 要 : 必要, 主要, 要求, 要所 活 : 活用, 生活, 活字, 活力 動 : 活動, 行動, 動力, 動作 得 : 所得, 利得, 得失	인물	어네스트 톰슨 시튼	
					창작동화	소가 골라준 새 신랑 2	
					고사성어	錦衣還鄕	
					기사문	컬러식품 좋아좋아	
	3	33a~48a	夜景成功者	夜 : 夜食, 白夜, 夜光, 夜行 景 : 風景, 光景, 山景, 雪景 成 : 成長, 作成, 合成, 完成 功 : 成功, 功臣, 年功, 功力 者 : 記者, 富者, 步行者, 老翁者	인물	에디슨	
					창작동화	소가 골라준 새 신랑 3	
					고사성어	管鮑之交	
					기사문	日 간사이 5색 체험관광	
	4	49a~64a	복습	복습	인물	퀴리부인	
					창작동화	소가 골라준 새 신랑 4	
					고사성어	刻舟求劍	
					기사문	재교육기관 노크 해보자	
2집	5	65a~80a	時間空氣集	時 : 日時, 時代, 同時, 時計 間 : 人間, 山間, 時間, 中間 空 : 空中, 空間, 空冊, 空想 氣 : 空氣, 香氣, 日氣, 大氣 集 : 文集, 集中, 詩集, 集合	인물	장영실	한자 카드 쓰기보따리 형성평가
					창작동화	거짓말 시합 1	
					고사성어	刮目相對	
					기사문	귀성길 차 안에서 게임 한판	
	6	81a~96a	現在協商事	現 : 表現, 現金, 現地, 出現 在 : 現在, 所在, 在京, 在來 協 : 協同, 協力, 協心, 協定 商 : 商人, 商品, 商去來, 協商 事 : 人事, 行事, 工事, 記事	인물	록펠러	
					창작동화	거짓말 시합 2	
					고사성어	吳越同舟	
					기사문	폴크스바겐 노·사 대협상	
	7	97a~112a	社會技能部	社 : 社長, 會社, 社交, 入社 會 : 大會, 社會, 面會, 立會 技 : 長技, 技法, 技術, 技能 能 : 技能, 能力, 可能, 才能 部 : 部分, 一部分, 外部, 一部	인물	콜럼버스	
					창작동화	말 잘 듣는 효자 1	
					고사성어	羊頭狗肉	
					기사문	국가중대사 국민합의가 필요	
	8	113a~128a	복습	복습	인물	앙리 뒤낭	
					창작동화	말 잘 듣는 효자 2	
					고사성어	完璧	
					기사문	시동 걸면 주행정보 쫙~	
3집	9	129a~144a	問答登場省	問 : 問安, 問題, 反問 答 : 問答, 答信, 正答, 回答 登 : 登山, 登校, 登用 場 : 市場, 工場, 入場, 場面 省 : 反省, 自省, 省墓	인물	리스트	한자 카드 쓰기보따리 형성평가
					창작동화	냄새 맡은 값 1	
					고사성어	指鹿爲馬	
					기사문	침체의 잠에 취한 라인강의 기적	
	10	145a~160a	春夏秋冬溫	春 : 春川, 春香, 立春, 靑春 夏 : 立夏, 春夏, 夏至 秋 : 秋夕, 秋風, 春秋 冬 : 冬至, 立冬, 春夏秋冬 溫 : 氣溫, 溫室, 溫水	인물	김홍도	
					창작동화	냄새 맡은 값 2	
					고사성어	塞翁之馬	
					기사문	스키장 잘 넘어져야 안 다친다	
	11	161a~176a	貴愛病死敬	貴 : 貴重, 高貴, 富貴, 貴人 愛 : 友愛, 愛國, 愛人, 愛犬 病 : 問病, 白血病, 病室, 病名 死 : 生死, 死亡者, 不死身, 病死 敬 : 恭敬, 敬老, 敬老席, 敬語	인물	안중근	
					창작동화	아버지의 유서 1	
					고사성어	難兄難弟	
					기사문	은행나무 천국 부석사 가는길	
	12	177a~192a	복습	복습	인물	황희	
					창작동화	아버지의 유서 2	
					고사성어	四面楚歌	
					기사문	서울과 워싱턴 마음을 열 때다	
4집	13	193a~208a	物件發電書	物 : 古物, 文物, 人物 件 : 物件, 事件, 用件 發 : 發生, 出發, 發明, 發見 電 : 電力, 電子, 電車, 電氣 書 : 文書, 古書, 書名	인물	벤자민 프랭클린	한자 카드 쓰기보따리 형성평가
					창작동화	선행과 쾌락 1	
					고사성어	三顧草廬	
					기사문	대한민국은 배달천국	
	14	209a~224a	高低苦樂朝	高 : 高音, 高溫, 高貴, 高見 低 : 低溫, 低下, 低利, 低學年 苦 : 苦生, 苦心, 苦行 樂 : 音樂, 安樂, 樂山 朝 : 王朝, 朝夕, 朝會	인물	루소	
					창작동화	선행과 쾌락 2	
					고사성어	脣亡齒寒	
					기사문	중소기업 그곳에도 길이 있다	
	15	225a~240a	眞理學習賞	眞 : 眞情, 眞空, 眞心 理 : 心理, 原理, 眞理, 一理 學 : 學年, 學生, 入學, 見學 習 : 學習, 風習, 自習 賞 : 賞品, 孝行賞, 大賞, 賞金	인물	전봉준	
					창작동화	아가씨와 우유 1	
					고사성어	守株待兔	
					기사문	들리지! 눈 쌓은 숲 생명의 소리	
	16	241a~256a	복습	복습	인물	뢴트겐	
					창작동화	아가씨와 우유 2	
					고사성어	臥薪嘗膽	
					기사문	물건값 계산 … 약도 그리기 …	

학부모 여러분, 〈기탄한자〉는 이렇게 지도해 주세요

1. 학습자의 능력보다 낮은 단계에서 시작하세요.

기탄한자 A~G단계는 기초 한자부터 초등학교 교과서에 쓰인 한자어를 학습하는 프로그램입니다. 한글을 아는 유아에서부터 한자 학습의 경험이 있는 초등학교 6학년 학생을 대상으로 개발되었습니다. 그러나 한자 학습의 경험이 있는 아이라도, 학습자의 경험이나 능력보다 낮은 단계에서 시작하는 것이 바람직합니다. 특히 각 단계의 1집부터 순차적으로 학습해 나가는 것은 매우 중요합니다. 간혹 학부모님의 판단에 따라 단계의 생략은 가능하지만 2, 3집부터 시작하는 것은 옳지 않은 진도 진행입니다. 아이가 학습에 부담을 느끼지 않고 한자 공부는 쉽고 재미있다는 느낌을 가질 수 있도록 A단계 1집에서부터 시작하는 것이 가장 이상적인 출발점입니다.

2. 복습호는 반드시 부모님이 함께 해 주세요.

각 집(권)마다 앞서 배운 한자의 복습호가 구성되어 있습니다. 복습호에서는 항상 형성평가를 실시하여 학습 수용도를 점검합니다. 이 때 부모님이 반드시 채점을 해 주시고, 결과에 따라 적절한 칭찬과 동기유발이 필요합니다. 또 복습주마다 구성된 놀잇감(A~D단계)으로 아이와 함께 놀아 주세요.

3. 교재 구입 즉시 분책하여 사용하세요.

〈기탄한자〉는 구입 즉시 분책하여 사용할 수 있도록 매주 학습할 분량이 별도의 책으로 특수제본(4in1시스템)되어 있습니다. 보통 책은 1번 제본하는 것으로 끝나지만 〈기탄한자〉는 무려 5번의 제본 과정을 거쳐 제작되었습니다. 각 호가 끝날 때마다 새 책으로 공부하게 되므로 아이에게 성취감과 기대감을 갖게 하고 학습 효과도 극대화시켜 줍니다.

4. 매일 일정한 시간에 규칙적으로 학습하게 하세요.

하루 5~10분을 학습하더라도 규칙적으로 학습하는 것이 중요합니다. 1호 분량이 1주일(5일) 학습 분량이므로 한 번에 억지로 하지 않게 하고, 반대로 너무 많은 양을 한꺼번에 하는 것도 좋지 않습니다. 어렸을 때부터 조금씩 매일매일 공부하는 습관을 길러 주도록 합니다.

5. 부모님이 직접 지도해 주세요.

〈기탄한자〉는 교사 방문 학습지와는 달리 아이 스스로 공부하고 부모님이 체크하는 자율적인 학습 모델을 채택하고 있습니다. 따라서 타 학습지 회사에서는 지도교사에게만 제공하는 지도 지침을 해당 호에 상세히 실었습니다. 각 호의 첫 장에 실린 '이렇게 도와주세요', '이번 주 학습포인트'에서는 한 주 동안의 지도 요점이 기재되어 있고, 각 페이지의 하단에도 지도 요점, 주의 사항 등을 기재하였습니다. 학부모님들이 〈기탄한자〉의 기획의도, 학습목표, 지도방법 등을 쉽게 이해하고 아이들에게 가르치기 편하도록 최대한 배려하였습니다.

6. 이미 익힌 한자는 아이가 실생활 속에서 활용하게 하세요.

아이가 이미 익힌 한자는 실생활 속에서 최대한 많은 사용 기회를 갖게 해 줍니다. 알았던 한자도 오랫동안 사용하지 않으면 잊혀지게 됩니다. 학습된 한자를 신문, 책, 대중매체, 인쇄물 등을 활용하여 확인하게 하고 글을 쓸 때 알고 있는 한자로 표현해 볼 기회를 자주 갖도록 합니다.

단계별 학습 한자와
한자능력검정시험 급수 배정 안내

단계	학습 한자	급수 응시 가이드
A단계	• 8급 : 山, 日, 月, 火, 水, 木, 金, 土, 一, 二, 三, 四, 五, 六, 七, 八, 九, 十, 人, 大, 小, 中 • 7급 : 川, 百, 千, 口, 手, 足, 力, 上, 下 • 6급 · 6급 II : 目, 石　• 5급 : 耳　• 4급 II : 田, 玉	A단계에서는 상형자, 지사자 중심의 기초한자 36자를 익혔습니다. 이는 한자능력검정시험 배정한자 중 **8급, 7급 배정한자 31자**와 **상위급수 한자 5자**가 포함됩니다. 학습자의 학년, 나이, 학습수용도에 따라 **8급, 7급** 이내에서 응시용 수험서(기탄급수한자 빨리따기)로 준비한 후 자격증 취득에 도전해 보세요.
B단계	• 8급 : 父, 母, 生, 門, 王, 白, 女 • 7급 : 子, 心, 車, 自, 工, 主, 里, 草, 花, 男, 夕, 面 • 6급 · 6급 II : 身, 風　• 5급 : 牛, 士, 己, 魚, 雨, 馬 • 4급 II : 羊, 鳥, 竹, 齒　• 4급 : 犬, 册, 舌 • 3급 II : 刀　• 3급 : 貝	B단계에서는 상형자, 지사자 중심의 기초한자 36자를 익혔습니다. 이는 A단계 학습 한자부터 누적하면 한자능력검정시험 배정한자 중 **8급, 7급 배정한자 50자**와 **상위급수 한자 22자**가 포함됩니다. 학습자의 학년, 나이, 학습수용도에 따라 **8급, 7급** 이내에서 응시용 수험서(기탄급수한자 빨리따기)로 준비한 후 자격증 취득에 도전해 보세요.
C단계	• 8급 : 兄, 弟, 外 • 7급 : 文, 少, 出, 入, 內, 來, 立, 天, 地, 江, 食, 方, 左, 右 • 6급 · 6급 II : 言, 才, 交, 多, 光, 明, 行, 角, 古, 今, 衣, 向, 本, 分, 合 • 5급 : 化, 友, 去, 河, 臣, 兵, 卒, 末 • 4급 II : 血, 肉, 步, 毛, 蟲　• 4급 : 君　• 3급 II : 坐, 皮	C단계에서는 형성자, 회의자를 중심으로 48자의 기초한자를 익혔습니다. 이는 A단계 학습 한자부터 누적하면 한자능력검정시험 배정한자 중 **7급 배정한자 67자, 6급 · 6급 II 배정한자 86자**와 **상위급수 한자 34자**를 익혔습니다. 학습자의 학년, 나이, 학습수용도에 따라 **7급, 6급 · 6급 II** 이내에서 응시용 수험서(기탄급수한자 빨리따기)로 준비한 후 자격증 취득에 도전해 보세요.
D단계	• 8급 : 靑, 長, 國, 東, 西, 南, 北 • 7급 : 色, 住, 所, 姓, 名, 有, 平, 老, 正, 直, 孝, 前, 後, 道, 全, 世, 家 • 6급 · 6급 II : 音, 利, 用, 公, 意, 弱, 短, 界, 聞, 童 • 5급 : 赤, 無, 思, 止, 法, 完, 善, 惡, 見, 兒 • 4급 II : 貧, 富, 忠, 走	D단계에서는 형성자, 회의자를 중심으로 48자의 기초한자를 익혔습니다. 이는 A단계 학습 한자부터 누적하면 한자능력검정시험 배정한자 중 **7급 배정한자 91자, 6급 · 6급 II 배정한자 120자**와 **상위급수 한자 48자**를 익혔습니다. 학습자의 학년, 나이, 학습수용도에 따라 **7급, 6급 · 6급 II** 이내에서 응시용 수험서(기탄급수한자 빨리따기)로 준비한 후 자격증 취득에 도전해 보세요.
E단계	• 8급 : 寸, 民, 先, 年, 軍　• 7급 : 市, 同, 不, 字, 命, 祖 • 6급 · 6급 II : 京, 各, 由, 失, 反, 共, 幸, 表, 形, 和, 別, 章 • 5급 : 品, 具, 曲, 可, 原, 因, 告, 首, 元, 必, 知, 加, 相, 再 • 4급 II : 求, 回, 非, 未, 味, 香, 星, 單　• 4급 : 巨, 居, 異	E단계에서는 형성자, 회의자를 중심으로 48자의 필수한자를 익혔습니다. 이는 A단계 학습 한자부터 누적하면 한자능력검정시험 배정한자 중 **7급 배정한자 102자, 6급 · 6급 II 배정한자 143자**와 **상위급수 한자 73자**를 익혔습니다. 학습자의 학년, 나이, 학습수용도에 따라 **6급 · 6급 II, 5급** 이내에서 응시용 수험서(기탄급수한자 빨리따기)로 준비한 후 자격증 취득에 도전해 보세요.
F단계	• 8급 : 室, 校　• 7급 : 休, 安, 海, 林, 村, 洞, 便, 記, 語 • 6급 · 6급 II : 信, 洋, 定, 注, 作, 使, 代, 感, 計, 始, 雪 • 5급 : 仙, 宅, 漁, 洗, 他, 位, 客, 材, 決, 流, 念, 情, 性, 雲 • 4급 II : 官, 容, 俗, 保, 守, 志, 想, 詩, 進, 造, 好 • 4급 : 仁	F단계에서는 형성자, 회의자를 중심으로 48자의 필수한자를 익혔습니다. 이는 A단계 학습 한자부터 누적하면 한자능력검정시험 배정한자 중 **7급 배정한자 113자, 6급 · 6급 II 배정한자 165자**와 **상위급수 한자 99자**를 익혔습니다. 학습자의 학년, 나이, 학습수용도에 따라 **6급 · 6급 II, 5급** 이내에서 응시용 수험서(기탄급수한자 빨리따기)로 준비한 후 자격증 취득에 도전해 보세요.
G단계	• 8급 : 學 • 7급 : 夫, 重, 活, 動, 時, 間, 空, 氣, 事, 問, 答, 登, 場, 春, 夏, 秋, 冬, 物, 電 • 6급 · 6급 II : 果, 美, 夜, 成, 功, 者, 集, 現, 在, 社, 會, 部, 省, 溫, 愛, 病, 死, 發, 書, 高, 苦, 樂, 朝, 理, 習 • 5급 : 實, 要, 景, 商, 技, 能, 貴, 敬, 件, 賞 • 4급 II : 婦, 得, 協, 低, 眞	G단계에서는 형성자, 회의자를 중심으로 60자의 필수한자를 익혔습니다. 이는 A단계 학습 한자부터 누적하면 한자능력검정시험 배정한자 중 **7급 배정한자 133자, 6급 · 6급 II 배정한자 210자**와 **상위급수 한자 114자**를 익혔습니다. 학습자의 학년, 나이, 학습수용도에 따라 **6급 · 6급 II, 5급** 이내에서 응시용 수험서(기탄급수한자 빨리따기)로 준비한 후 자격증 취득에 도전해 보세요.

※ 이 표는 기탄한자 학습 후 한자능력검정시험 자격증 취득의 연계를 위한 지침입니다. 학습자의 학습경험이나 상태에 따라 개별적인 지침이 달라질 수 있습니다.

9 호

기탄교과서한자 E단계 3집 129a~144a

E3집
129a-192a

4 in 1 시스템

기탄교과서한자는 학습효과를 극대화하기 위해 매주 학습할 분량이 별도의 책으로 특수제본되어 있습니다.

본 교재는 1권의 책 속에 1주일 학습 분량의 교재 4권이 들어 있는 4 in 1 시스템으로 제본되어 있습니다. 따라서 4권의 책으로 분리되는 것이 정상적인 제본이며, 호별로 빼내어 학습하시면 아주 효과적입니다.

E3집
9호
129a-144a

초등 교과서 한자어를 총체 분석한 어휘력 향상 한자 학습 프로그램

기탄 교과서 한자

공부한 날	월 일 ~ 월 일
	교 반
이름	전화

www.gitan.co.kr

기초부터 탄탄하게
기탄교육

E단계 학습 한자 일람

	E단계							
1집	寸, 京, 品, 市	2집	同, 求, 失, 反	3집	不, 非, 未, 必	4집	星, 軍, 相, 和
	巨, 具, 各, 曲		告, 共, 首, 民		知, 加, 字, 幸		單, 別, 命, 祖
	可, 由, 原, 因		元, 先, 年, 回		表, 形, 味, 香		居, 章, 異, 再
	복습		복습		복습		복습

학습 진단 관리표

	한자		한자어		이번 주는
	읽기	쓰기	읽기	쓰기	
금주평가	Ⓐ 아주 잘함	Ⓐ 아주 잘함	Ⓐ 아주 잘함	Ⓐ 아주 잘함	● 학습방법 ❶ 매일매일 ❷ 가끔 ❸ 한꺼번에 하였습니다.
	Ⓑ 잘함	Ⓑ 잘함	Ⓑ 잘함	Ⓑ 잘함	● 학습태도 ❶ 스스로 잘 ❷ 시켜서 억지로 하였습니다.
	Ⓒ 보통	Ⓒ 보통	Ⓒ 보통	Ⓒ 보통	● 학습흥미 ❶ 재미있게 ❷ 싫증내며 하였습니다.
	Ⓓ 노력해야 함	Ⓓ 노력해야 함	Ⓓ 노력해야 함	Ⓓ 노력해야 함	● 교재내용 ❶ 적합하다고 ❷ 어렵다고 ❸ 쉽다고 하였습니다.

지도 교사가 부모님께   부모님이 지도 교사께

종합평가	Ⓐ 아주 잘함	Ⓑ 잘함	Ⓒ 보통	Ⓓ 노력해야 함

1일차 (129a~131b)
- 다시보기를 통하여 元, 先, 年, 回의 훈, 음, 형, 한자어를 복습합니다.
- 이번 주에 학습할 한자 不, 非, 未, 必의 용례를 문장 속에서 찾아봅니다.
- 부정사로 쓰이는 不, 非, 未와 부사인 必의 용례를 자연스럽게 이해하도록 합니다.

2일차 (132a~135b)
- 알아보기를 통하여 不, 非, 未, 必의 3요소와 필순, 부수를 학습합니다.
- 未, 必은 모양이 비슷한 한자(末, 本/心) 구별에 유의해서 학습합니다.

3일차 (136a~138b)
- 만화를 통해 고사성어 多多益善의 뜻과 쓰임을 알아보고 적절한 때 사용할 수 있습니다.
- 不, 非와 다른 한자를 결합하여 만든 不足, 不公平, 非行, 是非 등의 한자어를 익힙니다.
- 是, 常은 확인하기를 통해 음만 이해하도록 합니다. (是 : 옳을 시, 常 : 항상 상)

4일차 (139a~141b)
- 동화 '세 친구'를 읽고 지금까지 배운 한자를 문장 속에 활용해 보도록 합니다.
- 未, 必과 다른 한자를 결합하여 만든 未安, 未來, 必要, 生必品 등의 한자어를 익힙니다.
- 아직 배우지 않은 한자 安, 成, 要는 확인하기를 통해 읽기 위주로 학습합니다.

5일차 (142a~144a)
- 푸슈킨의 시 '삶이 그대를 속일지라도'를 감상하고 시 속에 쓰인 한자어를 익힙니다.
- 풀어보기, 형성평가를 통해 학습한자를 정리하고 '몰래 쌓은 덕은 복을 받는다'를 읽고 손숙오의 일화를 읽어 봅니다.

1. 다음 빈 칸에 알맞게 쓰세요.

| 元 | 으뜸 | | | 먼저 | 선 |

| 年 | | 년 | | 돌 | 회 |

2. 다음 빈 칸에 알맞은 훈음을 쓰세요.

3. 다음 보기 에서 알맞은 한자어를 찾아 쓰세요.

보기: 元金   青年   先生   一回用品

元金 : 밑천으로 들인 돈

[　] : 한 번만 쓰고 버리도록 되어 있는 용품

[　] : 남을 가르치는 사람

[　] : 젊은 사람. 젊은 남자

4. 다음 보기 에서 알맞은 음을 찾아 쓰세요.

보기: 원금   일회용품   청년   선산

• 환경에 대한 인식이 달라지자 一回用品 [　][　][　][　] 사용이 줄어들었다.

• 그는 앞날이 밝은 青年 [　][　] 실업가이다.

• 이자는 고사하고 元金 [　][　] 만이라도 찾을 수 있다면……

• 추석이 되면 많은 사람들이 先山 [　][　] 을 찾아 성묘를 한다.

찾아보기

不이 쓰인 문장을 읽고 빈 칸에 한자어의 음을 쓰세요.

오랫동안 비가 오지 않으면 물이 **不足(부족)**하여 식물들이 성장하기 어렵습니다.

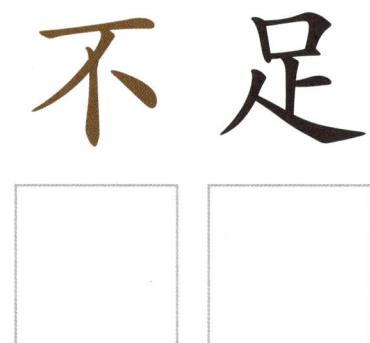

不 足

□ □

"나는 날마다 무거운 짐을 나르고 밭도 가는데 먹는 것은 겨우 콩깍지와 짚뿐이야. 그런데 너는 빈둥빈둥 놀면서 쌀알만 먹고 있으니, 참 **不公平(불공평)** 해."

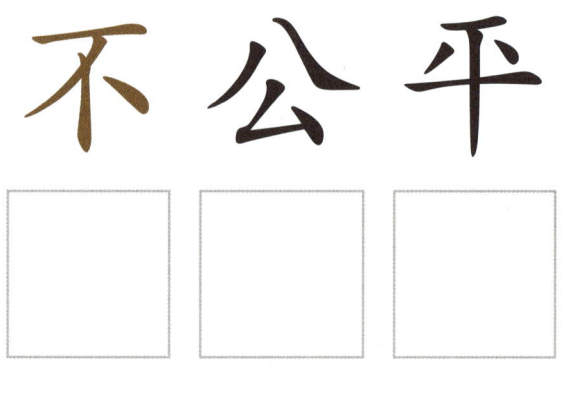

不 公 平

□ □ □

[확인하기] 足: 발 족(A3-11)   公: 공평할 공(D2-5)   平: 평평할 평(D2-5)   • 부족에서 足은 '족하다' 라는 뜻입니다.

非 찾아보기

非가 쓰인 문장을 읽고 빈 칸에 한자어의 음을 쓰세요.

그가 저지른 온갖 **非行(비행)**이 시간이 지날수록 드러나기 시작하였다.

같은 동네에 살고 있는 주민끼리 주차 문제로 **是非(시비)**가 붙어 고소까지 하는 일이 있다. 이웃 사촌은 옛말인가!

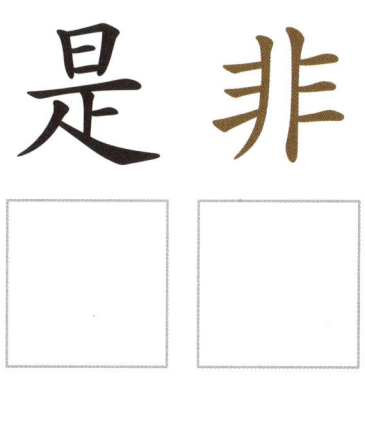

[확인하기] 行 : 다닐/항렬 행/항(C2-7)   是 : 옳을 시   • 行은 '다니다' 라는 뜻 이외에 '행하다' 라는 뜻도 있습니다.

未가 쓰인 문장을 읽고 빈 칸에 한자어의 음을 쓰세요.

"언니, 未安(미안)해. 내가 잘못했어!" 동생이 먼저 사과를 해 오니 내가 더 未安했다.

더위나 추위를 이겨 나가는 생활 모습에는 어떤 것이 있을까요? 또, 未來(미래)의 계절에 따른 생활 모습도 상상해 보세요.

확인하기 安 : 편안 안(F1-2)   來 : 올 래(C2-6)

必이 쓰인 문장을 읽고 빈 칸에 한자어의 음을 쓰세요.

必要(필요)한 규칙들에 대하여 생각해 보고 함께 의논하여 규칙을 정해 봅시다.

태풍으로 인한 수재민들에게 용기와 희망을 주자는 캠페인이 벌어졌다. 전국 각지에서 보내온 **生必品(생필품)**과 정성어린 성금이 쌓였다.

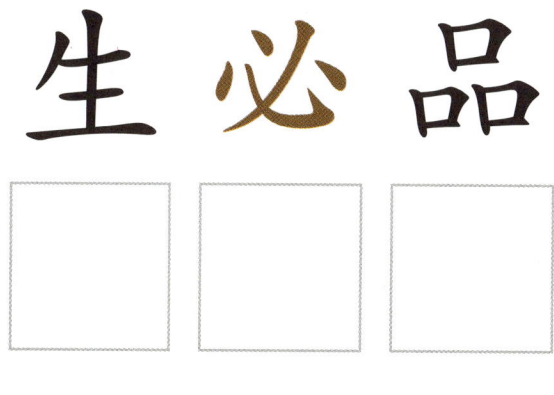

要 : 요긴할 요(G1-2)   生 : 날 생(B1-3)   品 : 물건 품(E1-1)

🔍 不의 훈과 음을 읽어 보세요.

훈: 아닐 음: 불/부

🔍 不이 만들어진 유래를 알아보세요.

위의 가로선(一)은 지면을 표시하고, 아래 부분은 씨앗의 뿌리를 뜻합니다. 뿌리가 땅 속에 있어 겉으로는 보이지 않는다는 데서 아니다라는 뜻이 되었습니다.

🔍 빈 칸에 알맞게 쓰세요.

不은 위의 가로선(一)은 지면을 표시하고, 아래 부분은 씨앗의 뿌리를 뜻하는 한자로 훈은 □ 이고, 음은 □ 입니다.

확인하기 • 不은 '불, 부' 두 가지 음으로 읽습니다. 예) 不利(불리), 不足(부족)

🔍 不의 부수와 총획수를 알아보고 빈 칸에 알맞게 쓰세요.

不
아닐 불/부

부수 - 一   총획 - 4획

▶ 一은 '하나 일' 입니다.

· 不의 **훈**은 [ ] 이고, **음**은 [ ] 입니다.
· 不의 **부수**는 [ ] 이고, **총획**은 [ ] 입니다.

✏️ 不의 필순을 알아보고 알맞게 쓰세요.

一 フ 不 不

확인하기 • 不 다음에 'ㄷ'과 'ㅈ'을 첫소리로 하는 글자가 오면 '부'로 소리납니다. 예) 不正(부정), 不當(부당)

📖 非의 훈과 음을 읽어 보세요.

훈: 아닐 음: 비

🔍 非가 만들어진 유래를 알아보세요.

새가 날개를 좌우로 벌린 모습을 나타낸 한자입니다. 서로 반대 방향으로 좌우로 벌리고 있는 모양에서 등지다, 배반하다, 어긋나다를 뜻하였다가 지금은 아니다, 그르다의 뜻으로 쓰이는 한자입니다.

✍ 빈 칸에 알맞게 쓰세요.

非는 새가 날개를 좌우로 벌린 모습을 나타낸 한자로
훈은 ☐ 이고, 음은 ☐ 입니다.

확인하기 • 非는 不와 같이 '아니다' 라는 부정적인 뜻에 주로 쓰입니다.

非의 부수와 총획수를 알아보고 빈 칸에 알맞게 쓰세요.

非
아닐 비

부수 - 非　　총획 - 8획

▶ 非는 자기 자신이 부수로 쓰이는 한자입니다. 이런 한자를 '제부수자'라 합니다.

· 非의 **훈**은 [　　] 이고, **음**은 [　　] 입니다.
· 非의 **부수**는 [　　] 이고, **총획**은 [　　] 입니다.

非의 필순을 알아보고 알맞게 쓰세요.

ノ 丿 ヲ ヨ 刦 非 非 非

확인하기 · 非를 쓸 때에는 왼쪽 세로획을 먼저 그어 중심을 잡고 차례대로 씁니다.

未의 훈과 음을 읽어 보세요.

훈: 아닐 음: 미

未가 만들어진 유래를 알아보세요.

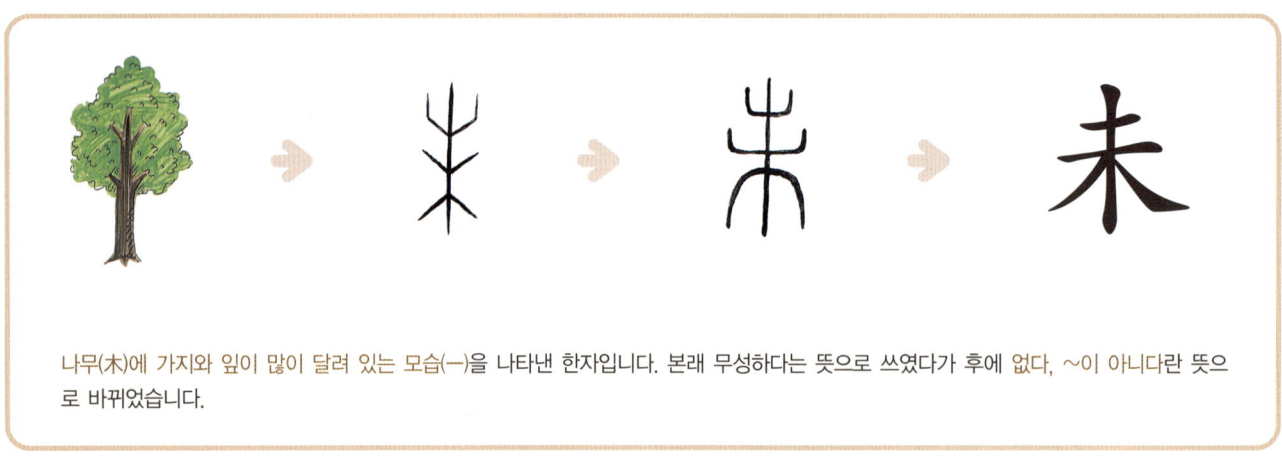

나무(木)에 가지와 잎이 많이 달려 있는 모습(一)을 나타낸 한자입니다. 본래 무성하다는 뜻으로 쓰였다가 후에 없다, ~이 아니다란 뜻으로 바뀌었습니다.

빈 칸에 알맞게 쓰세요.

未는 나무(木)에 가지와 잎이 많이 달려 있는 모습(一)을 나타낸 한자로

훈은 [   ] 이고, 음은 [   ] 입니다.

확인하기 木 : 나무 목(A1-3)   一 : 하나 일(A2-5)   • 未와 末(끝 말)은 모양이 비슷하므로 주의해서 익혀야 합니다.

🔍 未의 부수와 총획수를 알아보고 빈 칸에 알맞게 쓰세요.

未
아닐 미

부수 - 木   총획 - 5획

▶ 木은 '나무 목' 입니다.

· 未의 훈은 [　　] 이고, 음은 [　　] 입니다.
· 未의 부수는 [　　] 이고, 총획은 [　　] 입니다.

✏️ 未의 필순을 알아보고 알맞게 쓰세요.

一 二 キ 朱 未

未　未　未　未

확인하기 · 木이 부수인 한자는 주로 '나무'와 관련이 많은 한자입니다. 예) 林(수풀 림), 材(재목 재)

알아보기

必의 훈과 음을 읽어 보세요.

훈: 반드시 음: 필

必이 만들어진 유래를 알아보세요.

자루가 달린 물을 푸는 기구의 모양을 본떠 만들어진 한자입니다. 제사를 올리면 바라는 일이 반드시 이루어진다는 믿음에서 반드시, 꼭 이라는 뜻으로 빌어 썼습니다.

빈 칸에 알맞게 쓰세요.

必은 자루가 달린 물을 푸는 기구의 모양을 본떠 만들어진 한자로
훈은 [　　] 이고, 음은 [　　] 입니다.

확인하기 • 必과 心(마음 심)은 모양이 비슷하므로 주의해야 합니다.

必의 부수와 총획수를 알아보고 빈 칸에 알맞게 쓰세요.

必
반드시 필

부수 - 心   총획 - 5획

▶ 心은 '마음 심' 입니다.

· 必의 훈은 □ 이고, 음은 □ 입니다.
· 必의 부수는 □ 이고, 총획은 □ 입니다.

必의 필순을 알아보고 알맞게 쓰세요.

ヽ ソ 必 必 必

必 必 必 必

확인하기 · 必은 쓰는 순서에 유의하여 학습합니다.

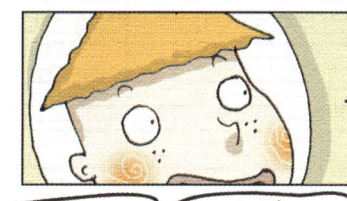

多多益善 다다익선

多 : 많을 **다**   多 : 많을 **다**   益 : 더할 **익**   善 : 착할/좋을 **선**

많으면 많을수록 더욱 좋다는 뜻으로 중국 한나라의 장수 한신이 고조와 장수를 거느릴 수 있는 역량에 대하여 논하다가 나온 말입니다. 고조는 10만 정도의 군사를 거느릴 수 있는 그릇이지만 한신 자신은 많으면 많을수록 잘 지휘할 수 있는 그릇이라 이야기하여 자신의 그릇이 더 큼을 과시한 데서 유래되었습니다.

不로 漢字語 만들기

보기 와 같이 빈 칸에 알맞게 쓰세요.

옛날에는 먹을 것이 **不足**(부족)하여 굶는 사람이 많았다.

1.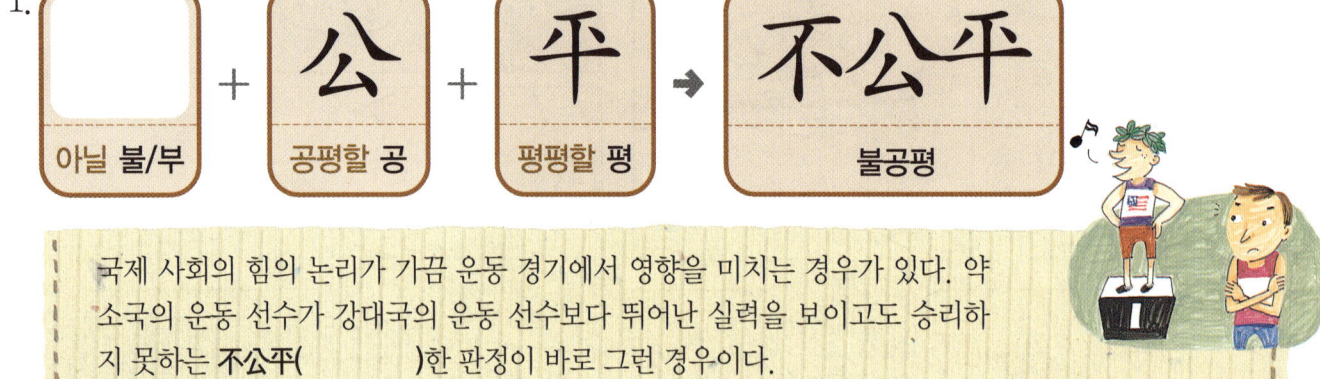

국제 사회의 힘의 논리가 가끔 운동 경기에서 영향을 미치는 경우가 있다. 약소국의 운동 선수가 강대국의 운동 선수보다 뛰어난 실력을 보이고도 승리하지 못하는 **不公平**( )한 판정이 바로 그런 경우이다.

2.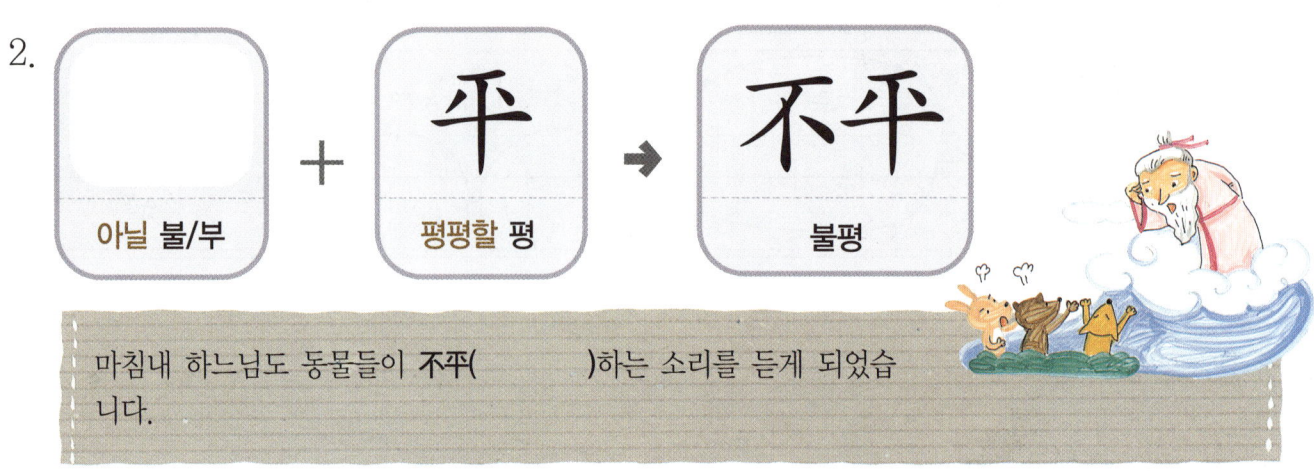

마침내 하느님도 동물들이 **不平**( )하는 소리를 듣게 되었습니다.

足 : 발 족(A3-11) 公 : 공평할 공(D2-5) 平 : 평평할 평(D2-5) • 不足에서 足은 '족하다' 라는 뜻으로 쓰였습니다.

不을(를) 필순에 맞게 쓰세요.

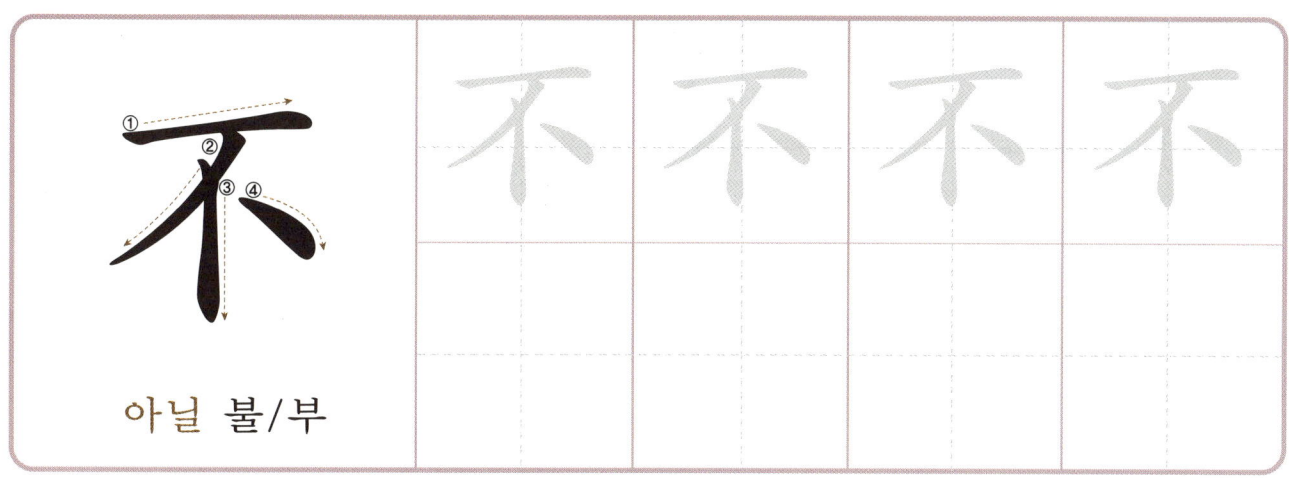

아닐 불/부

빈 칸에 不을(를) 써 넣어 한자어를 만들고, 그 뜻을 읽어 보세요.

不足(부족) : 어떤 한도에 모자람. 넉넉하지 않음

不公平(불공평) : 공평하지 아니함

不平(불평) : 마음에 들지 않아 못마땅하게 여김

非로 漢字語 만들기

보기 와 같이 빈 칸에 알맞게 쓰세요.

非行(비행) 청소년들을 사랑으로 감싸주는 관심이 필요하다.

1.

"언니가 괜히 是非(　　　) 걸어요."

2.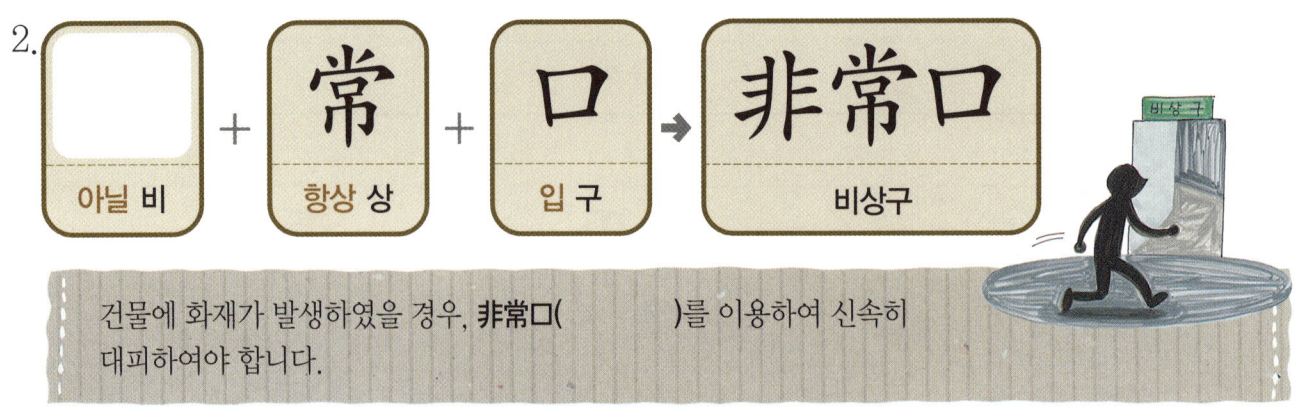

건물에 화재가 발생하였을 경우, 非常口(　　　)를 이용하여 신속히 대피하여야 합니다.

확인하기 行: 다닐/항렬 행/항(C2-7)　　是: 옳을 시　　常: 항상 상　　口: 입 구(A3-10)　　• 非行에서 行은 '행하다' 라는 뜻으로 쓰였습니다.

🖋 非를 필순에 맞게 쓰세요.

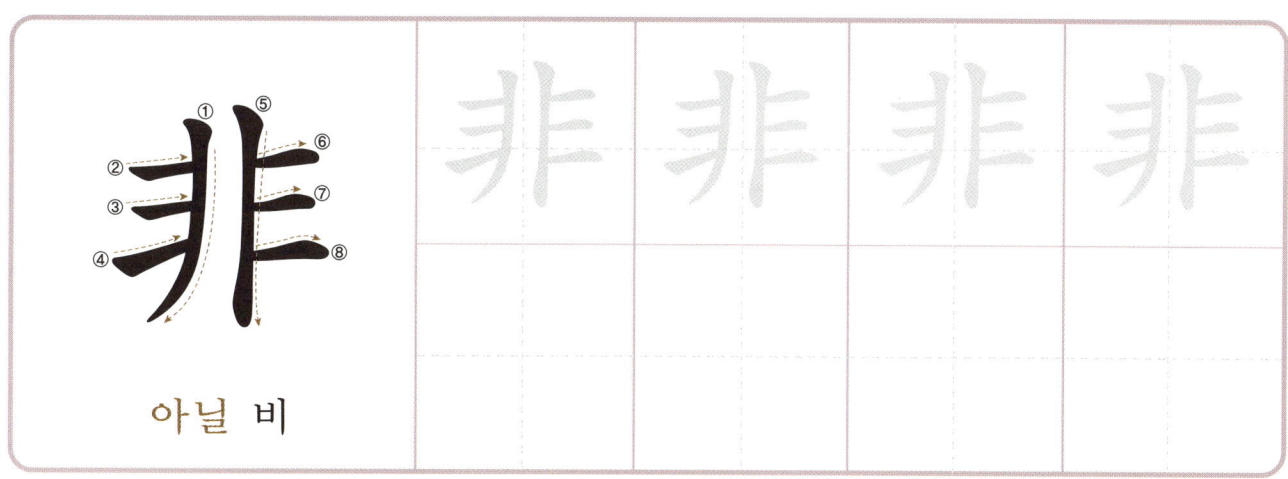

아닐 비

📖 빈 칸에 非를 써 넣어 한자어를 만들고, 그 뜻을 읽어 보세요.

| | 行 | | 行 | | 行 |

非行(비행) : 잘못되거나 그릇된 행위

| 是 | | 是 | | 是 | |

是非(시비) : 옳음과 그름. 옳거니 그르거니 하는 말다툼

| | 常 | 口 | | 常 | 口 |

非常口(비상구) : 급작스런 사고가 일어났을 때 급히 대피할 수 있도록 마련한 문

동화를 읽고 보기 에서 알맞은 한자나 음을 찾아 쓰세요.

세 친구 1

어느 이른 아침, 한 男子 ☐☐ 의 집 대문을 누군가가 요란하게 두드려댔습니다.

"임금님께서 당신을 당장 데리고 오라고 명하셨소. 어서 나오시오!"

"도, 도대체 무슨 일로? 전 잘못한 것이 없는데요."

"그건 나도 모르오. 서두르시오."

남자는 죄지은 것은 없지만 괜히 마음이 편치 않았습니다.

그래서 궁전에 같이 가 줄 친구들을 떠올렸습니다. 그에게는 절친한 세 명의 친구가 있었습니다. 현재에도 그렇지만 미래 ☐☐ 까지도 사이좋을 친구들이라고 생각했습니다.

"그래, 그 친구들이라면 반드시 ☐ 나와 함께 가 줄 거야."

| 보기 | 남자 | 必 | 未來 | 非行 |

남자는 서둘러 첫 번째 친구를 찾아갔습니다.

"여보게, 임금님이 갑자기 나를 부르신다고 하네. 비행 □□ 을 저지른 적은 없지만 겁이 나서 말이야. 나와 같이 가 주지 않겠나?"

하지만 친구는 퉁명스럽게 대답했습니다.

"미안하네만, 바빠서 말야. 안되겠네." 남자는 크게 실망했지만 두 번째 친구를 찾아갔습니다. "자네라면 함께 가 줄 거지?"

다행히 두 번째 친구는 같이 갈 의사는 있었습니다.

"물론 함께 갈 수는 있지. 하지만 궁전 문 앞까지만 가겠네. 임금님을 만나는 건 나 역시 겁나서 말야."

- 계속 -

男 : 사내 남(B4-14)　　子 : 아들 자(B1-2)　　來 : 올 래(C2-6)　　行 : 다닐/항렬 행/항(C2-7)

보기 와 같이 빈 칸에 알맞게 쓰세요.

"제가 먼저 알고서 도와 드렸어야 하는데, 여기까지 오시게 해서 未安(미안)합니다."

1.

타임 머신을 타고 2030년으로 가 나의 未來(   ) 모습을 볼 수 있다면…….

2.

한 사람이 앞문장을 적은 未完成(   ) 카드를 제시하면, 다른 한 사람이 뒷문장을 완성합니다.

확인하기 安 : 편안 안(F1-2)   來 : 올 래(C2-6)   完 : 완전할 완(D3-10)   成 : 이룰 성(G1-3)

未를 필순에 맞게 쓰세요.

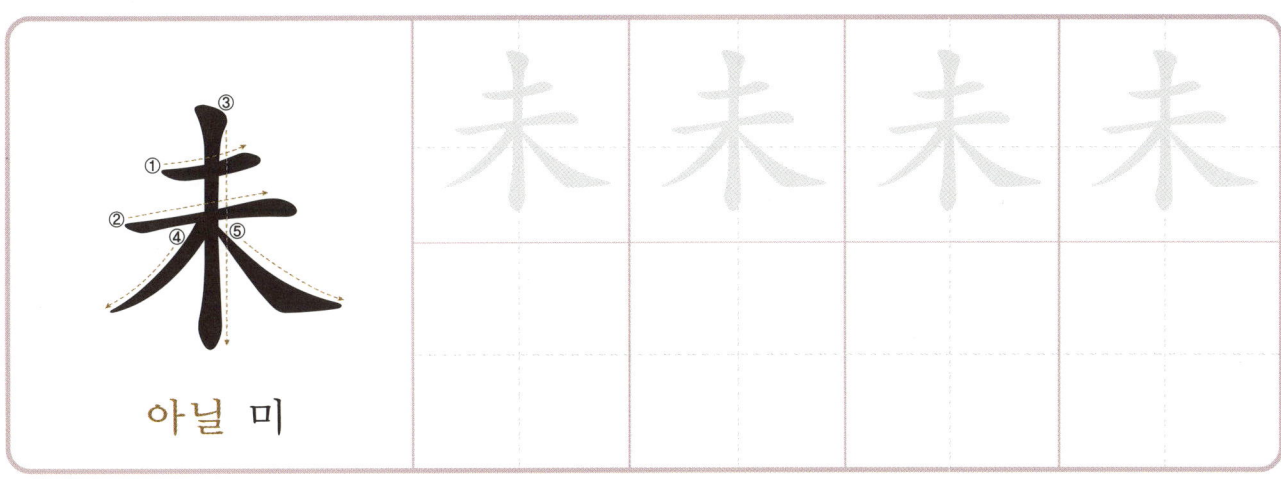

아닐 미

빈 칸에 未를 써 넣어 한자어를 만들고, 그 뜻을 읽어 보세요.

 安 安 安

未安(미안) : 남에게 폐를 끼쳐 마음이 편하지 못하고 거북함

 來 來 來

未來(미래) : 아직 다가오지 않은 때

 完成　　　完成

未完成(미완성) : 아직 완성하지 아니함

보기 와 같이 빈 칸에 알맞게 쓰세요.

기록된 정보를 읽으려면 여러 가지 장치가 **必要**(필요)합니다.

1.

동네 입구에 모든 **生必品**(　　　)을 천 원에 판매하는 가게가 생겼다. 알뜰한 우리 엄마는 이 가게를 애용하신다.

2.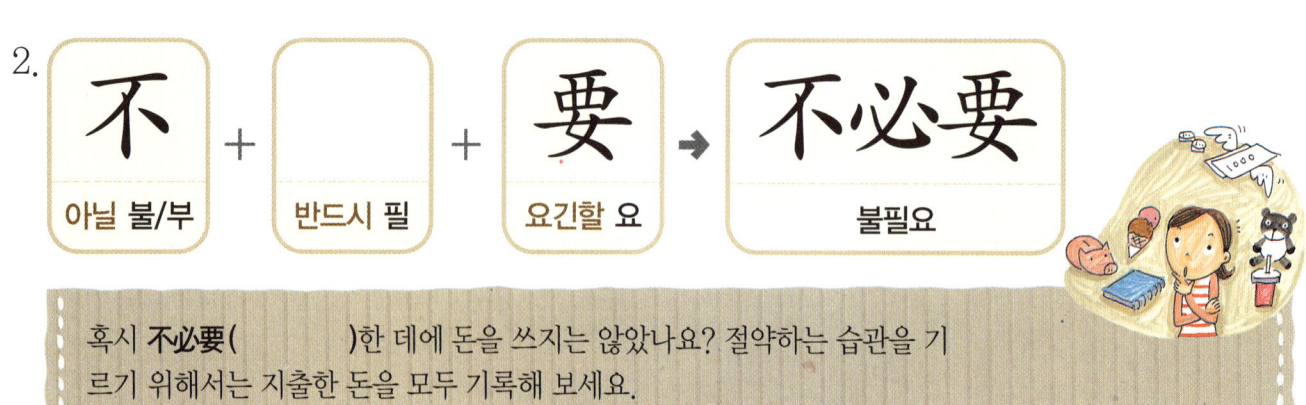

혹시 **不必要**(　　　)한 데에 돈을 쓰지는 않았나요? 절약하는 습관을 기르기 위해서는 지출한 돈을 모두 기록해 보세요.

확인하기 要 : 요긴할 요(G1-2)　　生 : 날 생(B1-3)　　品 : 물건 품(E1-1)

🖊 必을 필순에 맞게 쓰세요.

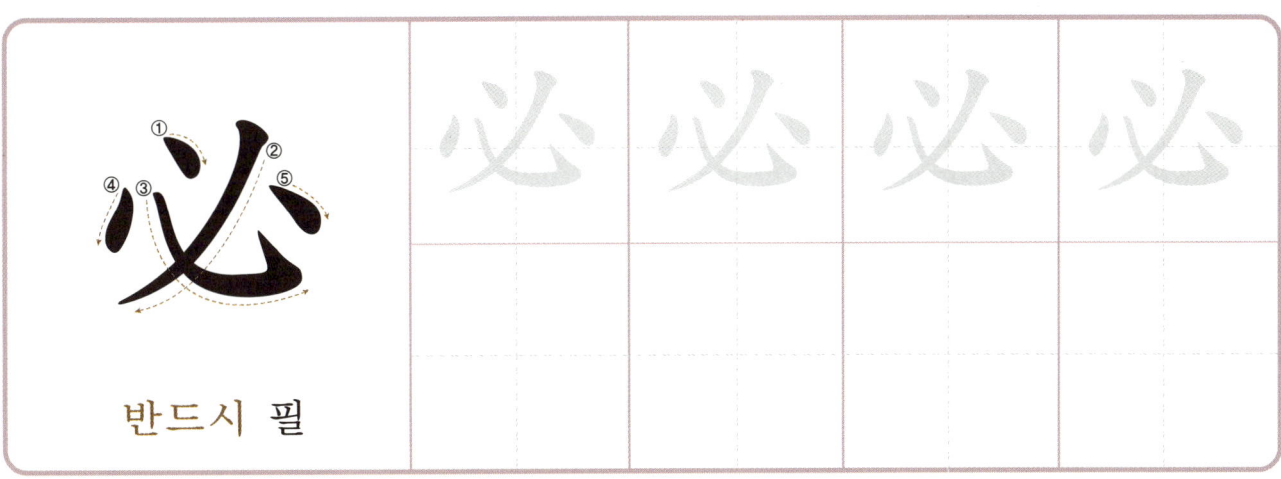

반드시 필

📖 빈 칸에 必을 써 넣어 한자어를 만들고, 그 뜻을 읽어 보세요.

| | 要 | | | 要 | | | 要 |

必要(필요) : 꼭 소용이 됨

| 生 | | 品 | 生 | | 品 |

生必品(생필품) : 일상생활에 없어서는 안 될 물품

| 不 | | 要 | 不 | | 要 |

不必要(불필요) : 필요하지 아니함

詩로 배우는 漢字

詩를 읽고 물음에 답하세요.

삶이 그대를 속일지라도   푸슈킨

삶이 그대를 속일지라도

슬퍼하거나 노여워하지 말라

마음 아픈 날엔 가만히 누워 견디라

즐거운 날이 찾아오리니

마음은 ㉠미래를 산다

지나치는 슬픔엔 ㉡끝이 있게 마련

모든 것은 순식간에 날아간다

그러면 ㉢來日은 기쁨이 돌아오느니.

1. ㉠을 한자로 바꾸어 쓰세요.

2. ㉡의 뜻에 알맞은 한자를 고르세요.
   ① 未   ② 本   ③ 末   ④ 木

3. ㉢의 음을 쓰세요.

푸슈킨 [Aleksandr Sergeevich Pushkin, 1799.6.6~1837.2.10]
러시아의 국민적 시인이자, 러시아 리얼리즘 문학의 확립자입니다.
전문학교 재학 때부터 진보적인 낭만주의 문학 그룹 '알자마스'에 참가하여, 1814년 시 《친구인 시인에게》를 처음으로 발표했습니다. 자유를 사랑한다는 내용의 시 《농촌》 때문에 남부 러시아로 유배되었습니다.
고독한 유배생활 덕분에 도리어 사상적·예술적으로 성장하여, 특히 이 시절에 낭만주의의 특징이 강한 작품을 많이 썼다고 합니다.
《예프게니 오네긴》, 《스페이드의 여왕》, 《대위의 딸》 등의 작품으로 19세기 러시아 리얼리즘 문학의 초석을 쌓았습니다.
1837년 1월 27일, 그의 아내 나탈랴를 짝사랑하는 귀족 단테스와의 결투로 부상을 당해, 38세의 나이에 죽었습니다.

이번 주에 배운 한자어를 넣어, 그림의 상황에 어울리게 짧은 글을 지어 보세요.

未來

生必品

1. 서로 관련 있는 것끼리 선으로 이으세요.

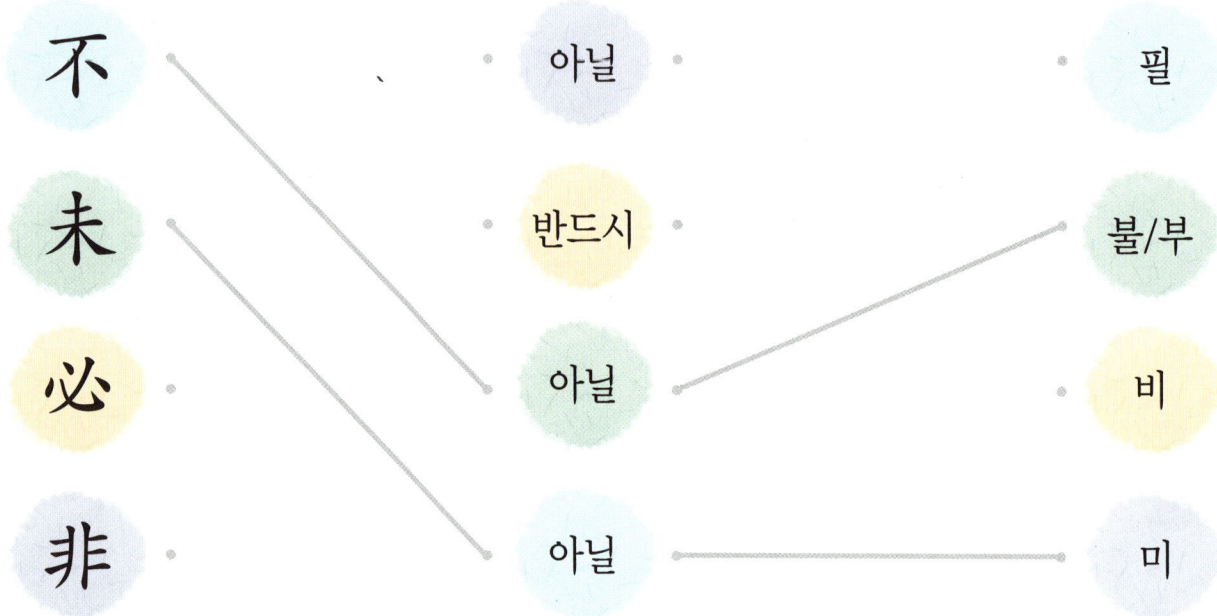

2. 다음 빈 칸에 공통적으로 들어갈 한자를 보기에서 찾아 쓰세요.

보기: 不　必　未　非

| ☐ 족　　☐ 공평　　☐ 평　　…… ☐ |
| ☐ 안　　☐ 래　　☐ 완성　　…… ☐ |
| ☐ 요　　생 ☐ 품　　불 ☐ 요　　…… ☐ |
| ☐ 행　　시 ☐　　☐ 상구　　…… ☐ |

3. 다음 밑줄 친 낱말의 뜻에 알맞은 한자를 쓰세요.

- 너의 그런 행동은 옳지 **않다**(不).
- 옳고 **그름**( )을 명확히 따져 보자.
- 이번 경기에서는 **반드시**( ) 우리 학교가 우승을 하리라.
- 아직 다가오지 **않은**(未) 미래

4. 서로 관련 있는 것끼리 선으로 이으세요.

| 必 | 不 | 非 | 未 |

| 木 - 총5획 | 一 - 총4획 | 心 - 총5획 | 非 - 총8획 |

5. 다음 빈 칸에 알맞은 한자어를 보기에서 찾아 쓰세요.

보기: 未來   不足   非行   生必品

- ☐미 ☐래 에는 어떤 일이 벌어질까?
- 그가 저지르는 ☐비 ☐행 에 당하지 않은 아이들이 없을 정도였다.
- 생활 수준이 높아져서 ☐생 ☐필 ☐품 도 용도뿐만 아닌 디자인이 고려되는 추세이다.
- 내게 ☐부 ☐족 한 부분은 네가 도와 주고, 네게 부족한 부분은 내가 채워줄게.

몰래 쌓은 덕은 복을 받는다.

중국 초나라의 재상이던 손숙오의 이야기입니다.

손숙오가 어렸을 때의 일입니다. 손숙오는 어느 날 밖에서 놀다가 머리가 둘 달린 뱀을 보고 죽여서 묻어 버렸습니다. 그런 다음 집으로 돌아와 끼니를 거르면서 고민하였습니다.

이를 이상히 여긴 그의 어머니가 그 까닭을 물어 보았습니다. 손숙오가 울면서,

"머리 둘 달린 뱀을 본 사람은 죽는다고 들었습니다. 아까 그걸 보았습니다. 머지않아 저는 죽어 어머니 곁을 떠날 것입니다. 그것이 걱정됩니다."라고 대답하였습니다.

"그 뱀은 어디 있느냐?"

"또 다른 사람이 볼까 봐 죽여서 묻어 버렸습니다."라고 말하였습니다.

손숙오의 말을 다 들은 어머니는

"옛말에 음덕양보(陰德陽報)라는 말이 있다. 남모르게 덕행을 쌓으면 반드시 그 보답이 있음을 이르는 말이다. 네가 그런 마음으로 뱀을 죽인 것은 음덕이니, 그 보답으로 너는 죽지 않을 것이다."라고 하였습니다.

어머니의 말대로 장성한 손숙오는 재상의 자리에까지 올랐습니다.

陰 : 그늘 음   德 : 큰(덕) 덕   陽 : 볕 양   報 : 갚을 보

기탄한자 형성평가

E단계 9회

다음 물음에 답하세요.

1. 다음 한자와 음이 바르게 연결되지 않은 것을 고르세요.

   ① 未 - 미   ② 必 - 비   ③ 不 - 불   ④ 非 - 비

2. 다음 한자와 훈이 바르게 연결되지 않은 것을 고르세요.

   ① 不 - 아닐   ② 非 - 아닐   ③ 必 - 아닐   ④ 未 - 아닐

3. 다음 빈 칸에 알맞은 한자와 훈음을 쓰세요.

    → 非 →

4. 다음 설명에 알맞은 한자를 쓰세요.

   자루가 달린 풀 모양을 본떠 만든 한자입니다. 제사를 올리려면 반드시 이 비를 이루어진다는 말에서 반드시, 꼭을 뜻하는 한자입니다.

다음 한자어의 음을 쓰세요.

5. 不足 ☐☐
6. 非常口 ☐☐
7. 未安 ☐안
8. 生必品 생☐품

다음 〈보기〉에서 알맞은 한자어를 찾아 쓰세요.

〈보기〉 不足   不主   未來   非行

9. 마음에 들지 않아 못마땅하게 여김 _____

10. 잘못되거나 그릇된 행위 ☐☐

왼쪽의 한자어가 되도록 바르게 연결하세요.

11. 불평 · · 未 · · 行
12. 비행 · · 不 · · 足
13. 미래 · · 非 · · 平
14. 부족 · · 不 · · 來

다음 빈 칸에 알맞은 한자어를 고르세요.

15. 동네 입구에 ☐ 을 전 원에 판매하는 가게가 생겼다.
   ① 生必品   ② 未來   ③ 非行   ④ 不平

16. 그 해 가뭄이 들어 물이 몹시 ☐ 했었지.
   ① 非行   ② 不平   ③ 不足   ④ 未來

다음 〈보기〉에서 알맞은 한자어를 찾아 쓰세요.

보기
不足   非行   不平   未來

17. 미 ☐ / ☐ 래

18. 비 ☐ / ☐ 행

19. 불 ☐ / ☐ 평

20. 부 ☐ / ☐ 족

평가 결과 및 향후 지도

정답 수	
16~20문항	잘했어요. E3집 10호로 진행하세요.
11~15문항	부족해요. 틀린 문제의 한자를 다시 학습한 후 E3집 10호로 진행하세요.
10문항 이하	많이 부족해요. 이번 호를 복습한 후 다음 호로 진행하세요.

  不 아닐 불/부

 非 아닐 비

  未 아닐 미

  必 반드시 필

不 非 未 必
아닐 불/부 아닐 비 아닐 미 반드시 필

不非未必

129a 1. 원, 先, 해, 回
      2. 해 년, 으뜸 원, 돌 회, 먼저 선
129b 3. 元金, 一回用品, 先生, 靑年
      4. 일회용품, 청년, 원금, 선산
130a 부족, 불공평
130b 비행, 시비
131a 미안, 미래
131b 필요, 생필품
132a 아닐, 불/부
132b 아닐, 불/부, 一, 4획
133a 아닐, 비
133b 아닐, 비, 非, 8획
134a 아닐, 미
134b 아닐, 미, 木, 5획
135a 반드시, 필
135b 반드시, 필, 心, 5획
137a 1. 不, 불공평   2. 不, 불평
137b 不, 不, 不
138a 1. 非, 시비   2. 非, 비상구
138b 非, 非, 非
139a 남자, 未來, 必
139b 非行
140a 1. 未, 미래   2. 未, 미완성
140b 未, 未, 未
141a 1. 必, 생필품   2. 必, 불필요
141b 必, 必, 必
142a 1. 未來   2. ③   3. 내일

143a 1.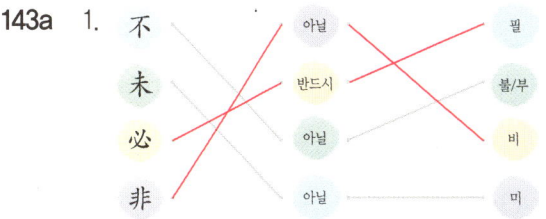

2. 不, 未, 必, 非

143b 3. 不, 非, 必, 未

4.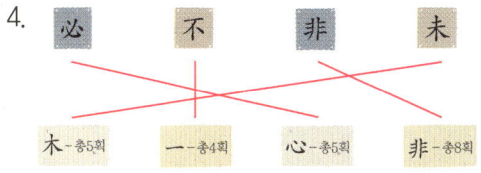

5. 未來, 非行, 生必品, 不足

형성평가

1. ②
2. ③
3. 非, 아닐 비
4. 必
5. 부족
6. 비상구
7. 미안
8. 생필품
9. 不平
10. 非行

11. 불평 — 不 — 平
12. 비행 — 非 — 行
13. 미래 — 未 — 來
14. 부족 — 不 — 足

15. ①
16. ③
17. 未來
18. 非行
19. 不平
20. 不足

펴낸이 : 정지향
펴낸곳 : (주)기탄교육
기획·편집·디자인 : 기탄교육연구소
주소 : 06698 서울특별시 서초구 효령로 40 기탄출판센터
등록 : 제2000-000098호
전화 : (02) 586-1007
팩스 : (02) 586-2337

※서점에 갈 시간이 없거나 구하기 어려운 분은 인터넷 또는 전화로 신청하세요. 즉시 우송해 드립니다.
● www.gitan.co.kr

ⓒ (주)기탄교육 All rights reserved.
저작권자의 동의 없이 본 교재를 무단으로 복제하거나 전재하는 것을 금합니다.

E 단계에서 배운 한자들

| 不 아닐 불/부 | 非 아닐 비 | 必 반드시 필 | 未 아닐 미 |

告 알릴 고	共 함께 공	首 머리 수	民 백성 민	元 으뜸 원	先 먼저 선	年 해 년	回 돌 회
可 옳을 가	由 말미암을 유	原 근원 원	因 인할 인	同 같을 동	求 구할 구	失 잃을 실	反 돌이킬 반
寸 마디 촌	京 서울 경	品 물건 품	市 시장 시	巨 클 거	具 갖출 구	各 각각 각	曲 굽을/곡조 곡

받아쓰기

♥ 엄마가 한자나 한자어를 부르고 아이가 받아쓰도록 합니다.

10 호

기탄교과서한자 E단계 3집 145a~160a

E3집
129a-192a

E3집
10호
145a - 160a

초등 교과서 한자어를 총체 분석한 어휘력 향상 한자 학습 프로그램

기탄 교과서 한자

공부한 날   월   일 ~   월   일
_____   교   반
이름   전화
_____
www.gitan.co.kr

기초부터 탄탄하게
기탄교육

E단계 학습 한자 일람

				E단계			
1집	寸,京,品,市	2집	同,求,失,反	3집	不,非,未,必	4집	星,軍,相,和
	巨,具,各,曲		告,共,首,民		知,加,字,幸		單,別,命,祖
	可,由,原,因		元,先,年,回		表,形,味,香		居,章,異,再
	복습		복습		복습		복습

학습 진단 관리표

	한자		한자어		이번 주는
	읽기	쓰기	읽기	쓰기	
금주평가	Ⓐ 아주 잘함	Ⓐ 아주 잘함	Ⓐ 아주 잘함	Ⓐ 아주 잘함	● 학습방법 ❶ 매일매일 ❷ 가끔 ❸ 한꺼번에 하였습니다.
	Ⓑ 잘함	Ⓑ 잘함	Ⓑ 잘함	Ⓑ 잘함	● 학습태도 ❶ 스스로 잘 ❷ 시켜서 억지로 하였습니다.
	Ⓒ 보통	Ⓒ 보통	Ⓒ 보통	Ⓒ 보통	● 학습흥미 ❶ 재미있게 ❷ 싫증내며 하였습니다.
	Ⓓ 노력해야 함	Ⓓ 노력해야 함	Ⓓ 노력해야 함	Ⓓ 노력해야 함	● 교재내용 ❶ 적합하다고 ❷ 어렵다고 ❸ 쉽다고 하였습니다.

지도 교사가 부모님께　　　　　　　　　　　　　　　　부모님이 지도 교사께

종합평가	Ⓐ 아주 잘함	Ⓑ 잘함	Ⓒ 보통	Ⓓ 노력해야 함

1 일차 (145a~147b)
- 다시보기를 통하여 不, 非, 未, 必 의 훈, 음, 형, 한자어를 복습합니다.
- 이번 주에 학습할 한자 知, 加, 字, 幸의 용례를 문장 속에서 찾아봅니다.
- 數는 아직 배우지 않은 한자이므로 훈음 읽기 위주로 학습합니다.

2 일차 (148a~151b)
- 알아보기를 통하여 知, 加, 字, 幸의 3요소와 필순, 부수를 학습합니다.
- 知, 加, 字는 矢+口 / 力+口 / 宀+子로 파자(글자를 나누어서 풀이함)하여 이해하면 쉽게 기억할 수 있습니다.

3 일차 (152a~154b)
- 만화로 고사성어 聞一知十의 뜻과 쓰임을 알아보고 적절한 때 사용할 수 있도록 합니다.
- 知, 加와 다른 한자를 결합하여 만든 知人, 知己, 加入, 加工 등의 한자어를 익힙니다.
- 味는 아직 배우지 않은 한자이므로 확인하기를 참조합니다.

4 일차 (155a~157b)
- 동화 '세 친구'를 읽고 지금까지 배운 한자를 문장 속에 활용합니다.
- 字, 幸과 다른 한자를 결합하여 만든 文字, 十字, 多幸, 不幸 등의 한자어를 익힙니다.
- 아직 배우지 않은 한자 數, 福은 확인하기를 통해 훈음을 이해합니다.

5 일차 (158a~160a)
- 김영랑의 시 '집'을 감상하고 시 속에 한자어를 적용해 풀이합니다.
- 풀어보기, 형성평가를 통해 학습한자를 정리하고 '돌멩이를 품은 자로'를 읽고 공자와 자로의 일화를 접해 봅니다.

不 非 未 必 다시 보기

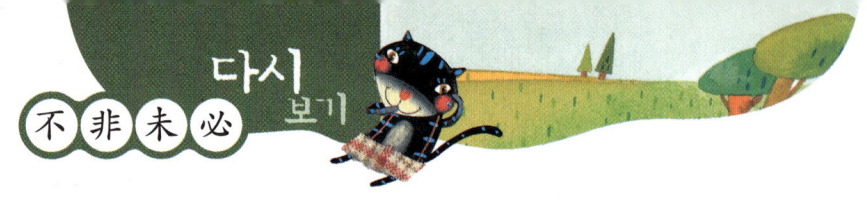

1. 다음 빈 칸에 알맞게 쓰세요.

不		불/부		반드시	필
未	아닐			아닐	비

2. 다음 빈 칸에 알맞은 훈음을 쓰세요.

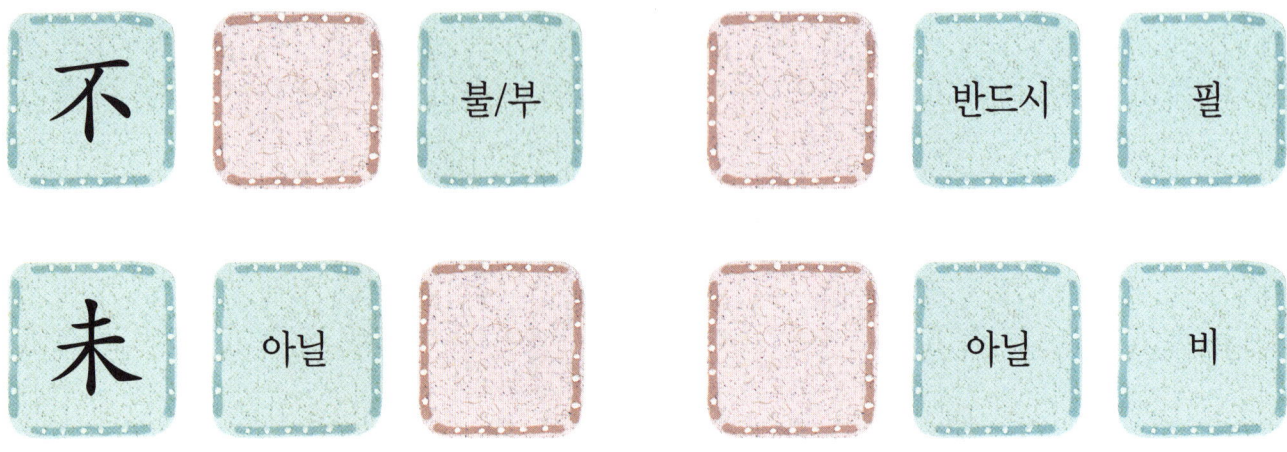

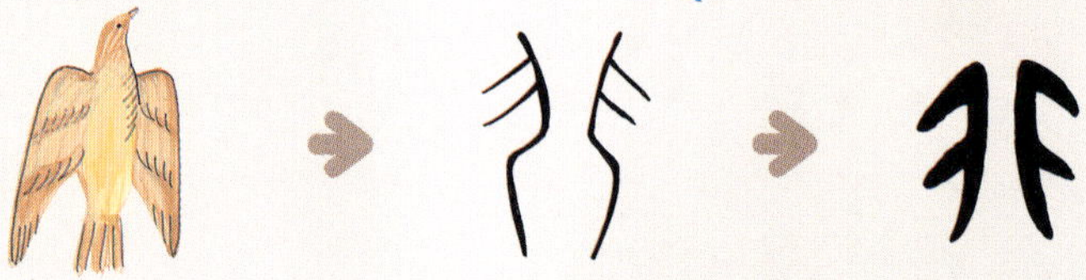

非	아닐 비

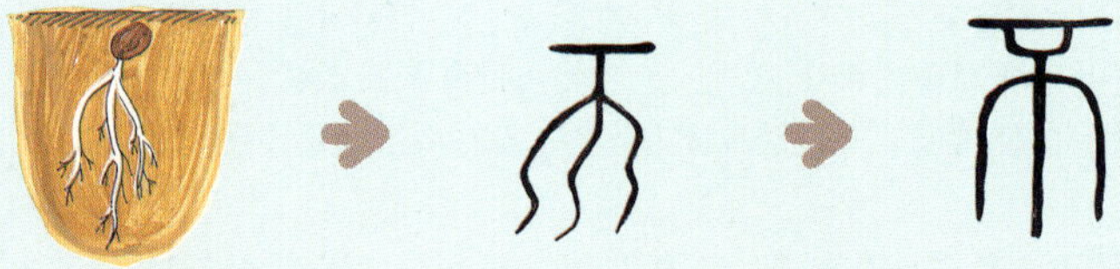

不	

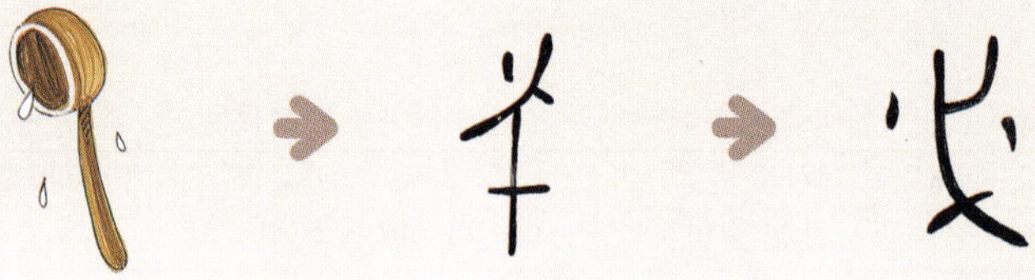

必	

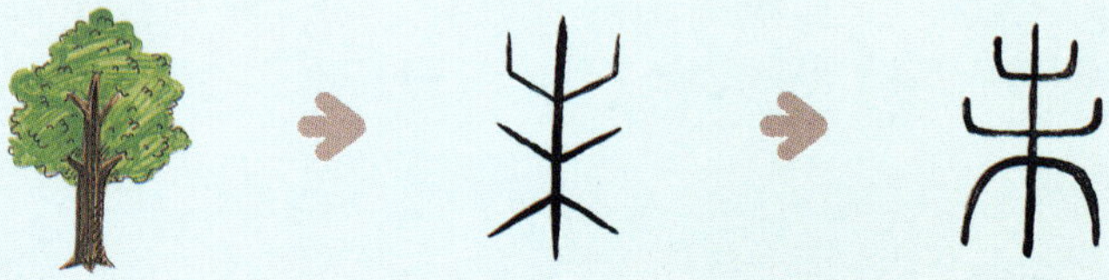

未	

3. 다음 보기 에서 알맞은 한자어를 찾아 쓰세요.

보기: 不足   非常口   未來   必要

非常口 : 급작스런 사고가 일어났을 때 급히 대피할 수 있도록 마련한 문

☐ : 어떤 한도에 모자람. 넉넉하지 않음

☐ : 아직 다가오지 않은 때

必要 : 꼭 소용이 됨

4. 다음 보기 에서 알맞은 음을 찾아 쓰세요.

보기: 미래   생필품   비행   불공평

• 빈둥빈둥 놀기만 하는 개를 더 예뻐하는 것은 不公平 ☐☐☐ 해!

• 非行 ☐☐ 청소년들을 사랑으로 감싸주는 관심이 필요하다.

• 더 나은 未來 ☐☐ 를 위해 오늘 열심히 준비해야 한다.

• 모든 生必品 ☐☐☐ 이 다 팔려 나갔습니다.

知 찾아보기

📖 知가 쓰인 문장을 읽고 빈 칸에 한자어의 음을 쓰세요.

정년 퇴임식장에는 많은 제자들과 **知人(지인)**들로 붐볐습니다. 선생님의 모습이 행복해 보였습니다.

知 人
☐ ☐

영민이와 나는 같은 병원에서 같은 달에 태어났다. 같은 유치원에 다녔고 초등학교 3학년이 된 지금까지 가장 친한 친구로 지낸다. 우리와 같은 사이를 두고 **知己(지기)**라고 말하는 것이다.

知 己
☐ ☐

확인하기 人: 사람 인(A3-11) 己: 몸 기(B2-5)

加가 쓰인 문장을 읽고 빈 칸에 한자어의 음을 쓰세요.

내가 어른이 되어 어떤 단체에 **加入(가입)**하여 활동해야 할지 생각해 보았다.

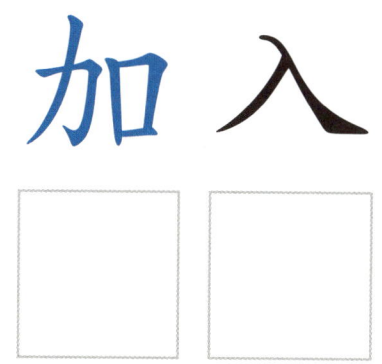

공업은 자연에서 얻은 생산물을 원료로 하여 **加工(가공)**하는 산업으로서, 재래공업, 경공업, 중화학 공업, 첨단 산업 등으로 나누어진다.

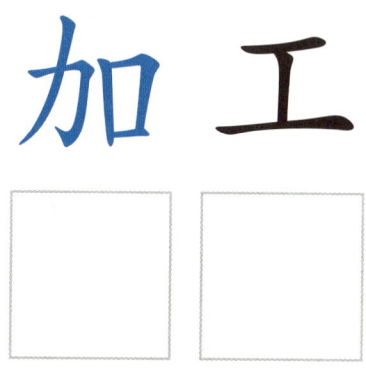

확인하기 入 : 들 입(C2-5)   工 : 장인 공(B2-6)

# 字 찾아보기

字가 쓰인 문장을 읽고 빈 칸에 한자어의 음을 쓰세요.

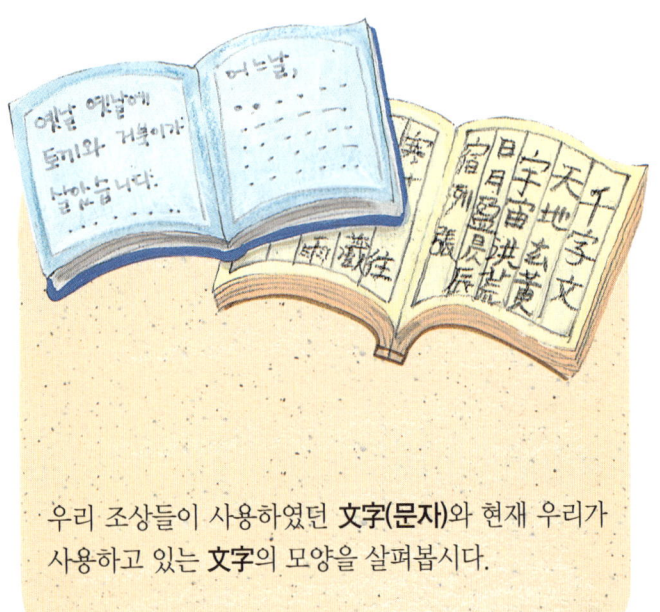

우리 조상들이 사용하였던 **文字(문자)**와 현재 우리가 사용하고 있는 **文字**의 모양을 살펴봅시다.

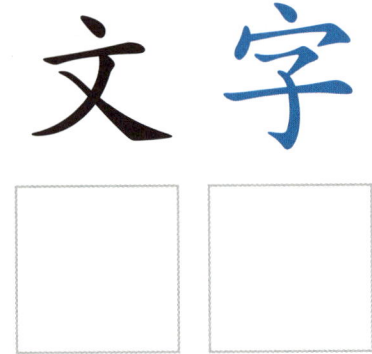

0에서 9까지의 **數字(숫자)** 카드를 잘 섞은 다음 4장을 뽑습니다. 뽑은 숫자 카드 4장을 가지고 네 자리 수를 만들어 보시오.

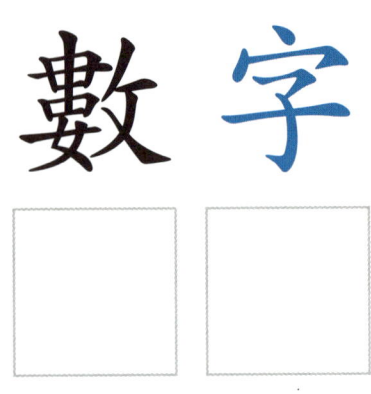

[확인하기] 文 : 글월 문(C1-1)   數 : 셀 수   • 數는 '셀 수'이지만 數字일 경우에는 '숫자'로 읽습니다.

幸이 쓰인 문장을 읽고 빈 칸에 한자어의 음을 쓰세요.

국내 소프트웨어 기술을 선도하던 기업이 위기에 처했으나, **多幸(다행)**히도 많은 사람들의 도움으로 회생할 수 있게 되었다.

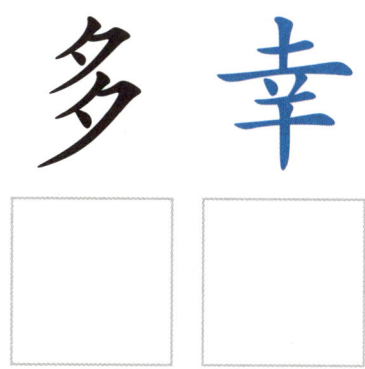

한편, 음주 운전은 자신뿐만 아니라 다른 사람의 생명을 위협하며 그들의 가족에게도 **不幸(불행)**을 가져다 주게 됩니다.

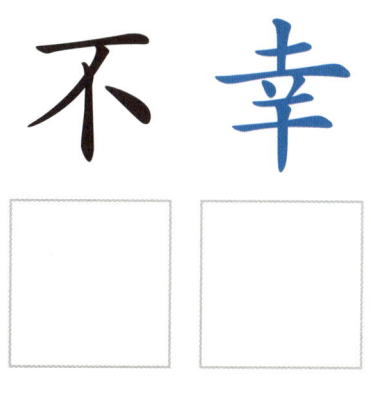

[확인하기] 多 : 많을 다(C1-3)   不 : 아닐 불/부(E3-9)

📖 知의 훈과 음을 읽어 보세요.

훈:알 음:지

✋ 知가 만들어진 유래를 알아보세요.

矢 + 口 → 知

화살 시   입 구

矢(화살 시)와 口(입 구)가 합하여 만들어진 한자입니다. 고대에는 화살을 통해 권위, 사냥, 여러 가지 신호의 도구 등을 나타냈습니다. 화살(矢)을 통해 말하는(口) 것을 안다는 데서, 알다, 깨닫다를 뜻하게 되었습니다.

✋ 빈 칸에 알맞게 쓰세요.

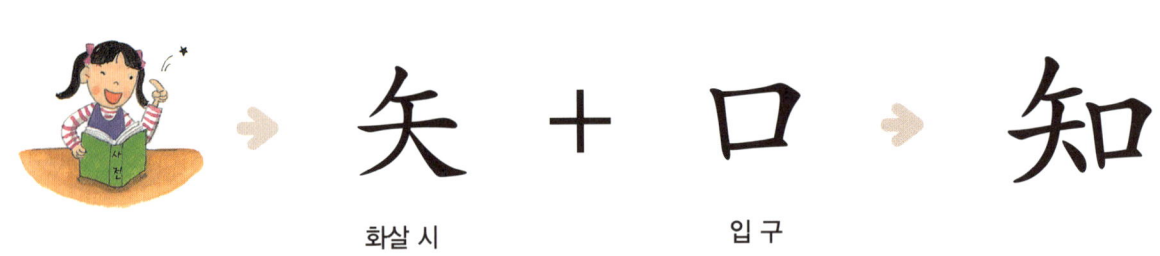

知는　矢　(화살 시)와 　　　(입 구)를 합한 한자로

훈은 　　 이고, 음은 　　 입니다.

[확인하기] 矢 : 화살 시　　口 : 입 구(A3-10)　　• 知는 '알다'라는 뜻이고 智는 '지혜'라는 뜻으로 구별해서 씁니다.

知의 부수와 총획수를 알아보고 빈 칸에 알맞게 쓰세요.

知
알 지

부수 - 矢   총획 - 8획

▶ 矢는 '화살 시' 입니다.

· 知의 **훈**은 [　　] 이고, **음**은 [　　] 입니다.

· 知의 **부수**는 [　　] 이고, **총획**은 [　　] 입니다.

知의 필순을 알아보고 알맞게 쓰세요.

확인하기 • 矢를 쓸 때에는 失(잃을 실)과 구별하여 정확히 씁니다.

📖 加의 훈과 음을 읽어 보세요.

훈: 더할 음: 가

👀 加가 만들어진 유래를 알아보세요.

力 + 口 → 加

힘 력   입 구

力(힘 력)과 口(입 구)를 합해 만든 한자입니다. 밭에서 일하는 농기구인 가래의 모양을 본뜬 力에 더욱 힘내라고 소리친다는 뜻의 口를 더해서 더하다, 늘어나다란 뜻을 나타내게 되었습니다.

✍ 빈 칸에 알맞게 쓰세요.

加는 ☐(힘 력)과 ☐(입 구)를 합한 한자로

훈은 ☐이고, 음은 ☐입니다.

확인하기 力 : 힘 력(A4-14)   口 : 입 구(A3-10)   • 力은 남자의 근육 모양을 본떠서 만들었다는 견해도 있습니다.

🔍 加의 부수와 총획수를 알아보고 빈 칸에 알맞게 쓰세요.

加 더할 가

부수 - 力　　　총획 - 5획

▶ 力은 '힘 력' 입니다.

· 加의 **훈**은 [　　] 이고, **음**은 [　　] 입니다.
· 加의 **부수**는 [　　] 이고, **총획**은 [　　] 입니다.

🔍 加의 필순을 알아보고 알맞게 쓰세요.

ㄱ 力 加 加 加

[확인하기] · 力이 부수인 한자는 주로 '사람의 힘'과 관련이 있습니다.

字 알아보기

◉ 字의 훈과 음을 읽어 보세요.

훈: 글자 음: 자

◉ 字가 만들어진 유래를 알아보세요.

宀 + 子 → 字

집 면   아들 자

宀(집 면)과 子(아들 자)가 합해 만들어진 한자입니다. 집(宀)에서 아이(子)를 낳는다는 뜻을 나타낸 것인데 아이가 불어나는 것처럼 글자도 많아진다는 데서 글자를 뜻합니다.

◉ 빈 칸에 알맞게 쓰세요.

字는 ☐ 宀 (집 면)과 ☐ (아들 자)를 합한 한자로

훈은 ☐ 이고, 음은 ☐ 입니다.

[확인하기] 宀: 집 면   子: 아들 자(B1-2)   • 子와 字는 모양이 비슷하므로 잘 구별해야 합니다.   • 宀은 한자의 윗부분에 놓여 부수로 쓰이면 '갓머리'라 읽습니다.

◉ 字의 부수와 총획수를 알아보고 빈 칸에 알맞게 쓰세요.

字
글자 자

부수 - 子   총획 - 6획

▶ 子는 '아들 자' 입니다.

· 字의 **훈**은 [　　] 이고, **음**은 [　　] 입니다.
· 字의 **부수**는 [　　] 이고, **총획**은 [　　] 입니다.

◉ 字의 필순을 알아보고 알맞게 쓰세요.

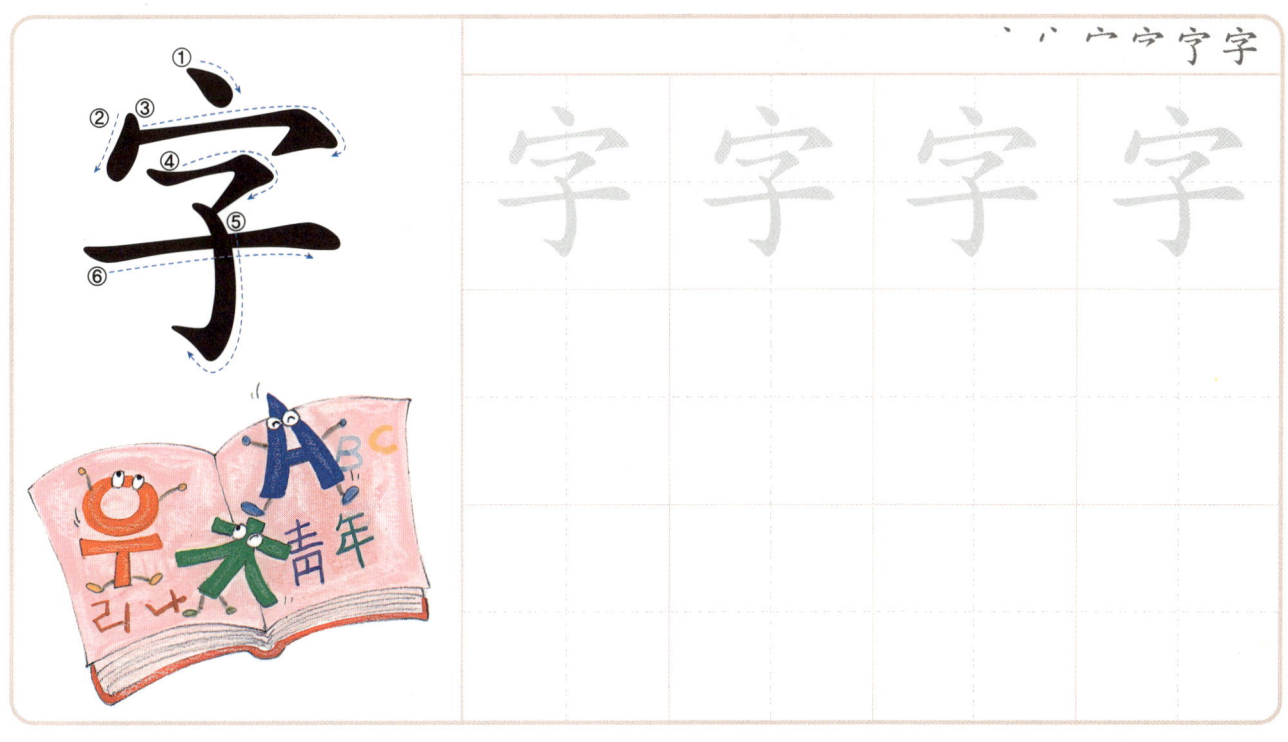

丶 丷 宀 宁 字 字

字 字 字 字

확인하기 · 字의 부수는 宀(집 면)이 아니라 子(아들 자)라는 점에 유의해야 합니다.

📖 幸의 훈과 음을 읽어 보세요.

幸
훈: 다행 음: 행

✋ 幸이 만들어진 유래를 알아보세요.

죄인의 목이나 손에 채우던 칼 또는 쇠고랑의 모양을 본떠 만든 한자입니다. 칼을 쓰지 않음에서 다행, 행복, 행운을 뜻하는 한자가 되었습니다.

✍ 빈 칸에 알맞게 쓰세요.

幸은 죄인의 목이나 손에 채우던 칼 또는 쇠고랑의 모양을 본떠 만든 한자로 훈은 ☐ 이고, 음은 ☐ 입니다.

확인하기 • 幸은 辛(매울 신)과 모양이 비슷하므로 주의합니다.

◎ 幸의 부수와 총획수를 알아보고 빈 칸에 알맞게 쓰세요.

幸
다행 행

부수 - 干   총획 - 8획

▶干은 '방패 간' 입니다.

· 幸의 **훈**은 [ ] 이고, **음**은 [ ] 입니다.
· 幸의 **부수**는 [ ] 이고, **총획**은 [ ] 입니다.

◎ 幸의 필순을 알아보고 알맞게 쓰세요.

一 十 士 壵 査 查 坴 幸

幸 幸 幸 幸

확인하기 • 干(방패 간)과 于(어조사 우)는 모양이 비슷하므로 주의해야 합니다.

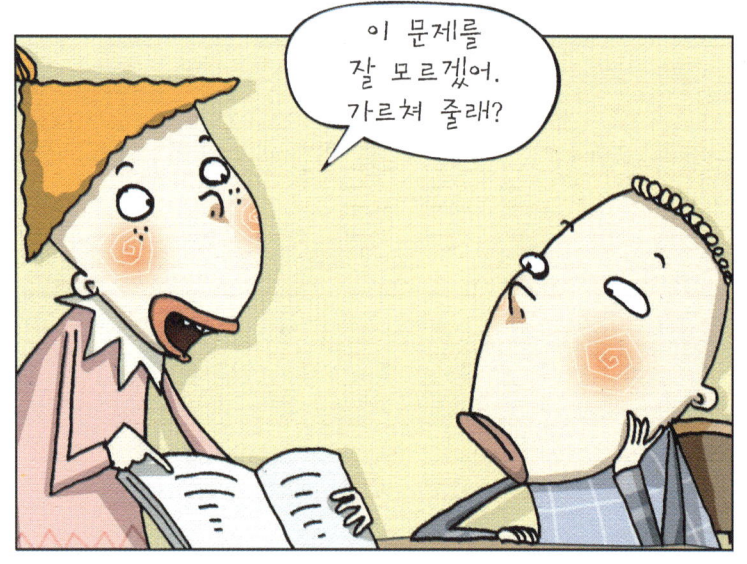

聞 : 들을 **문**　　一 : 하나 **일**　　知 : 알 **지**　　十 : 열 **십**

한 가지를 듣고 열 가지를 헤아려서 앎을 뜻합니다. 공자가 그의 제자인 자공에게 너와 안회 중 누가 더 낫느냐는 물음에 "저를 어찌 안회와 비교하겠습니까? 안회는 하나를 알려주면 열을 깨치는 사람이고, 저는 하나를 알려주면 둘을 알 뿐입니다" 라고 말한 데서 유래된 성어입니다.

知로 漢字語 만들기

보기 와 같이 빈 칸에 알맞게 쓰세요.

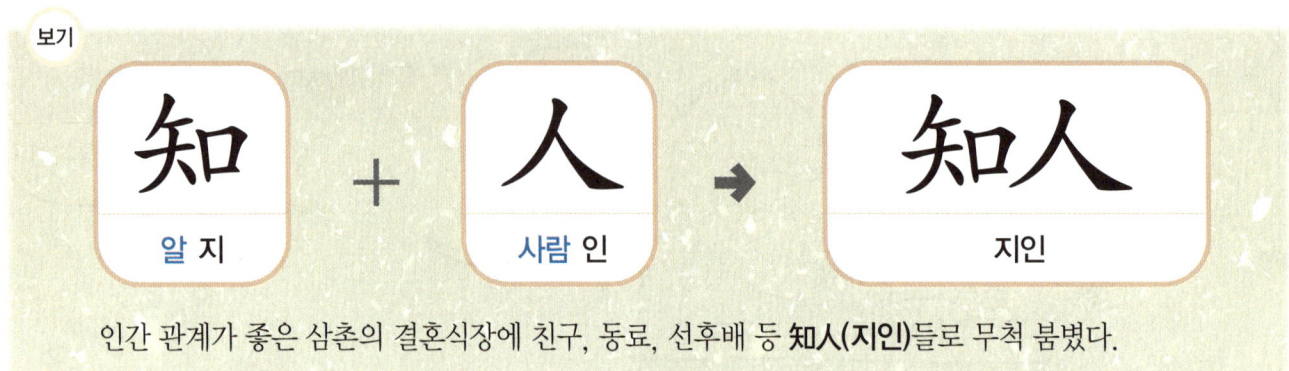

보기

知 (알 지) + 人 (사람 인) → 知人 (지인)

인간 관계가 좋은 삼촌의 결혼식장에 친구, 동료, 선후배 등 **知人**(지인)들로 무척 붐볐다.

1.

☐ (알 지) + 己 (몸 기) → 知己 (지기)

우리 아빠와 세훈이네 아빠는 십년 **知己**(　　　)로 매우 절친한 사이이다.

2.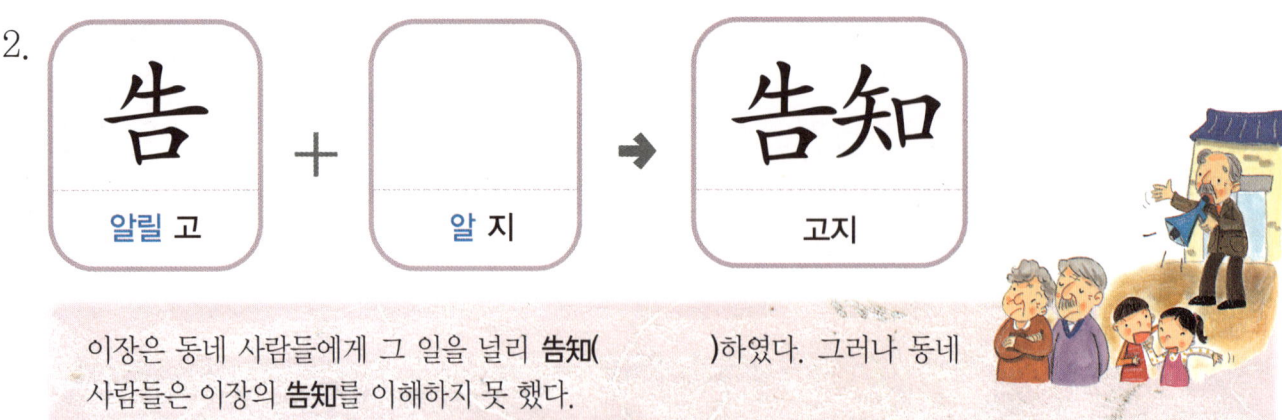

告 (알릴 고) + ☐ (알 지) → 告知 (고지)

이장은 동네 사람들에게 그 일을 널리 **告知**(　　　)하였다. 그러나 동네 사람들은 이장의 **告知**를 이해하지 못 했다.

확인하기 人 : 사람 인(A3-11)   己 : 몸 기(B2-5)   告 : 알릴 고(E2-6)

知를 필순에 맞게 쓰세요.

知 알 지

빈 칸에 知를 써 넣어 한자어를 만들고, 그 뜻을 읽어 보세요.

| | 人 | | 人 | | 人 |

知人(지인) : 아는 사람. 사람의 됨됨이를 앎

| | 己 | | 己 | | 己 |

知己(지기) : 서로 마음을 알아주는 벗이란 뜻의 지기지우(知己之友)의 준말

| 告 | | 告 | | 告 | |

告知(고지) : 게시나 글을 통하여 알림

보기 와 같이 빈 칸에 알맞게 쓰세요.

독일의 통일은 동독 국민들의 자유 의사에 의한 투표로 독일 연방 공화국에 **加入(가입)**함으로 이루어졌다.

1.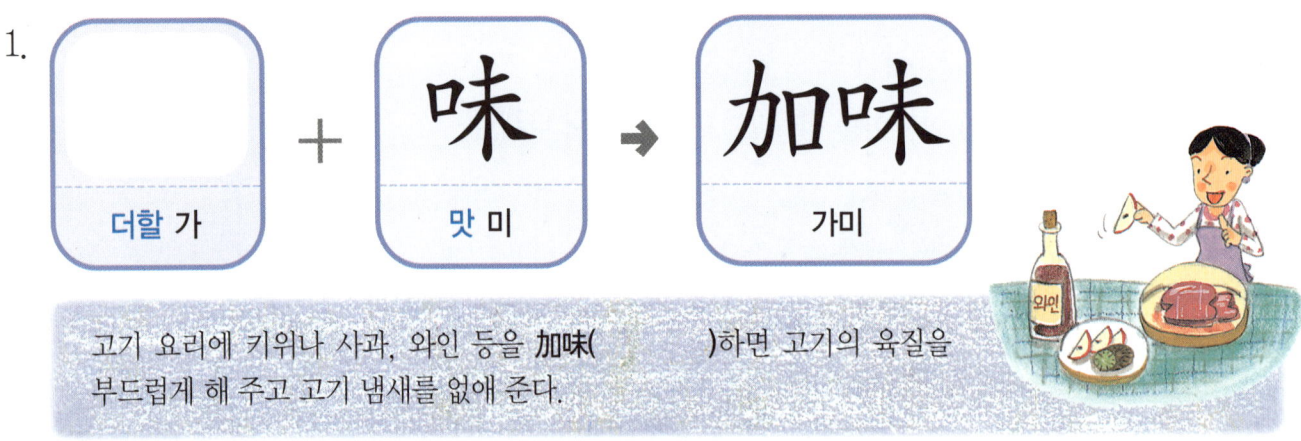

고기 요리에 키위나 사과, 와인 등을 **加味(   )**하면 고기의 육질을 부드럽게 해 주고 고기 냄새를 없애 준다.

2.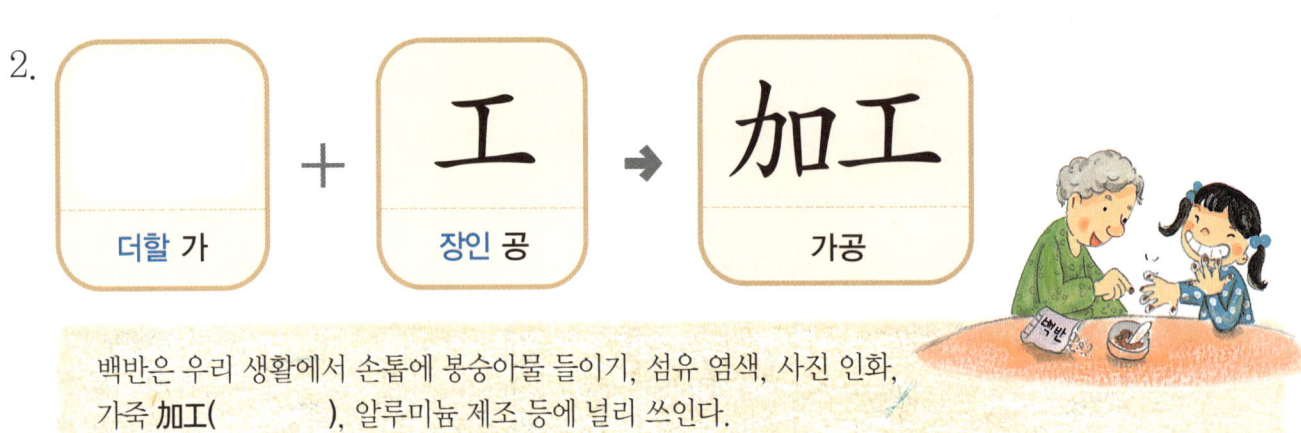

백반은 우리 생활에서 손톱에 봉숭아물 들이기, 섬유 염색, 사진 인화, 가죽 **加工(   )**, 알루미늄 제조 등에 널리 쓰인다.

확인하기 入 : 들 입(C2-5)   味 : 맛 미(E3-11)   工 : 장인 공(B2-6)

◈ 加를 필순에 맞게 쓰세요.

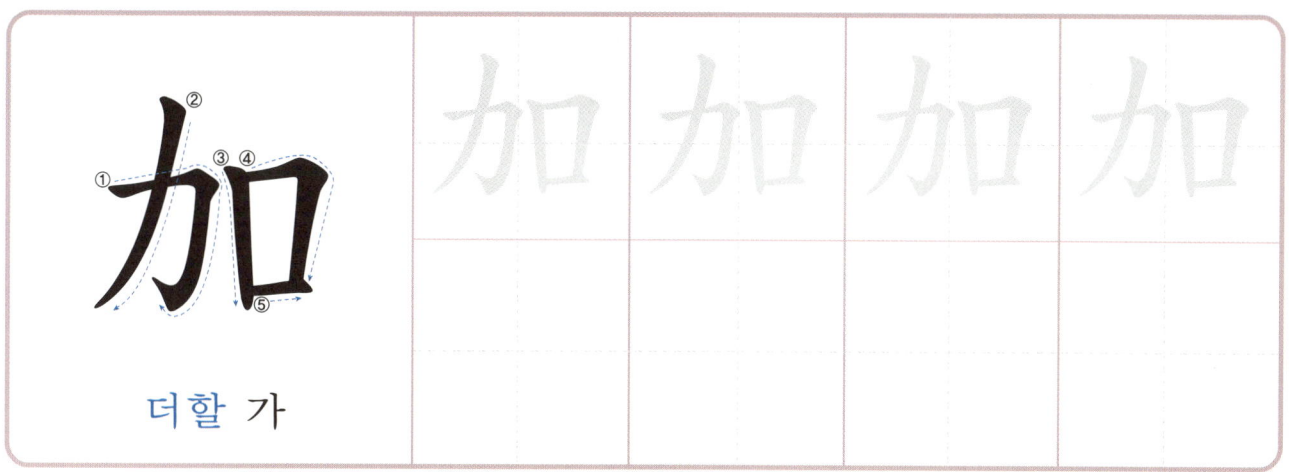

더할 가

◈ 빈 칸에 加를 써 넣어 한자어를 만들고, 그 뜻을 읽어 보세요.

  入    入    入

加入(가입) : 단체나 조직 따위에 들어감

 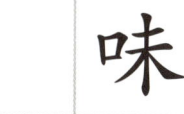 味    味    味

加味(가미) : 음식물에 양념이나 식료품을 더 넣어 맛이 나게 함

  工   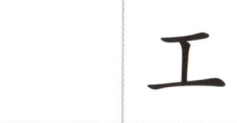 工    工

加工(가공) : 원료나 재료에 손을 더 대어 새로운 물건을 만드는 일

술술술 漢字동화

동화를 읽고 보기 에서 알맞은 한자나 음을 찾아 쓰세요.

세 친구 2

남자는 터덜터덜 세 번째 친구를 찾아갔습니다.

영문을 알 [　] 리 없는 세 번째 친구는 반갑게 남자를 맞이했습니다.

"어서 오게. 무슨 걱정거리라도 있나?" 남자는 머뭇거리며 사정을 이야기했습니다.

多幸 [　][　] 히도 세 번째 친구는 쾌히 승낙을 했습니다.

"이 사람아, 걱정 말게. 나는 자네가 벌 받을 만큼 나쁜 짓을 했을 거라곤 생각하지 않네."

그리고 나서 **더하여** [　] 말했습니다. "내가 자네와 同行 [　][　] 하겠네."

보기 知   加   동행   다행   생전   선행

이것은 우리에게 큰 교훈을 주는 이야기입니다. 궁전은 무덤에 비유한 것입니다.

첫 번째 친구는 재물과도 같습니다. 사람들이 누구나 소중히 여기고 아끼지만 죽을 때는 남겨두고 돌아설 수밖에 없지요.

두 번째 친구는 가족입니다. 무덤 앞까지는 같이 가주지만 그 이후에는 혼자 가야만 하기 때문이지요.

세 번째 친구는 善行 □□ 을 의미합니다. 착한 행동은 죽은 뒤에도 오래 남기 때문이지요.

사람들이 生前 □□ 에 베푼 선행은 죽어서도 길이 기억된다는 뜻이랍니다.

同 : 같을 동(E2-5)　　行 : 다닐/항렬 항/행(C2-7)　　多 : 많을 대(C1-3)　　生 : 날 생(B1-3)　　前 : 앞 전(D3-9)　　善 : 착할 선(D3-11)

字로 漢字語 만들기

보기 와 같이 빈 칸에 알맞게 쓰세요.

세계적으로 여러 종류의 **文字**(문자)가 있습니다.

1.

   3764에서 3은 천의 자리 **數字**(　　　)이고, 3000을 나타냅니다.

2.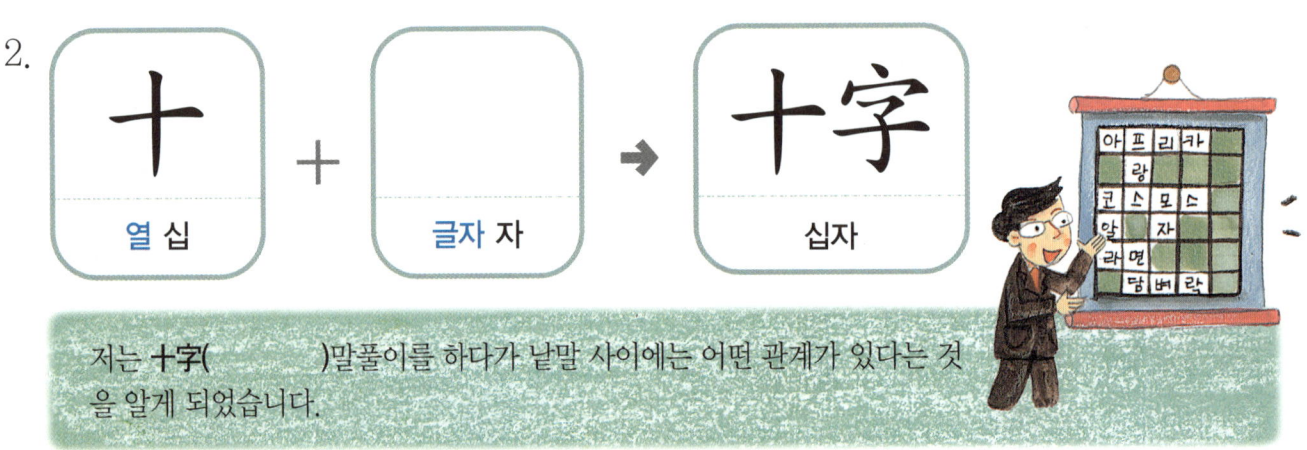

   저는 **十字**(　　　)말풀이를 하다가 낱말 사이에는 어떤 관계가 있다는 것을 알게 되었습니다.

확인하기 　文 : 글월 문(C1-1)　　數 : 셀 수　　十 : 열 십(A3-9)　　• 數字는 '숫자'로 읽습니다.

✍ 字를 필순에 맞게 쓰세요.

글자 자

📖 빈 칸에 字를 써 넣어 한자어를 만들고, 그 뜻을 읽어 보세요.

文字(문자) : 글자. 예로부터 전해 내려오는 문구

數字(숫자) : 수를 나타내는 글자

  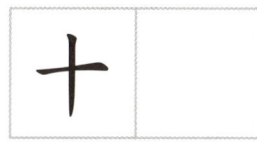 

十字(십자) : ① 한자의 '十'자를 일컫는 말 ② 十의 글자와 같은 모양 ③ 십자가

보기 와 같이 빈 칸에 알맞게 쓰세요.

어떤 분의 도움으로 **多幸**(다행)히 어려움을 이길 수 있었다.

1.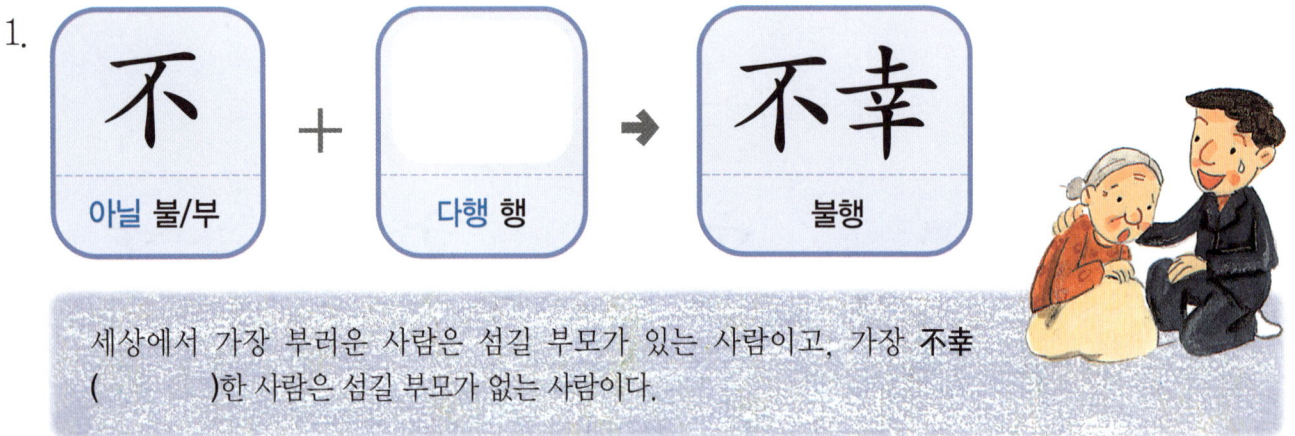

세상에서 가장 부러운 사람은 섬길 부모가 있는 사람이고, 가장 **不幸**( )한 사람은 섬길 부모가 없는 사람이다.

2.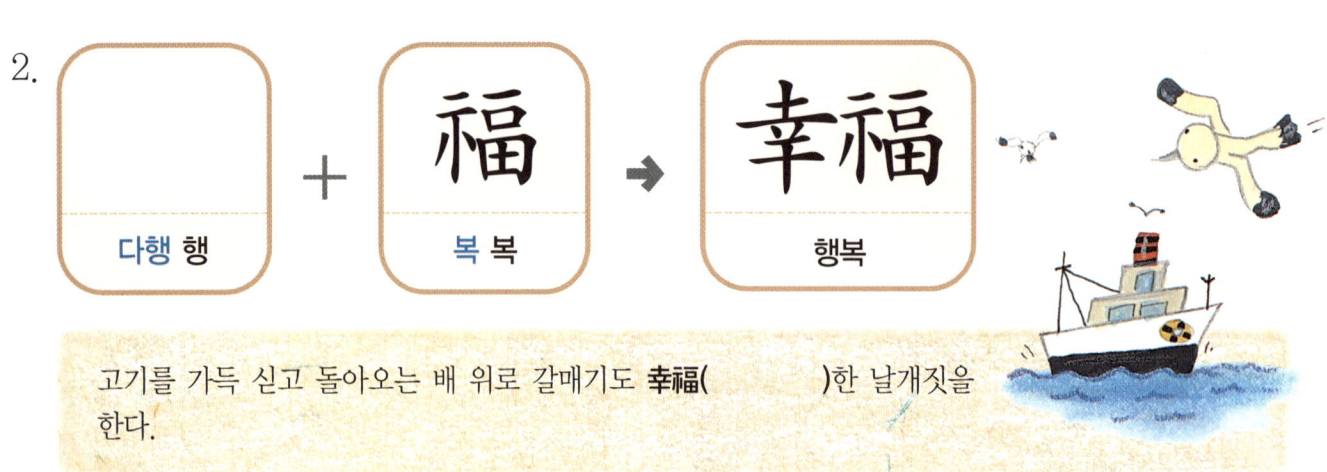

고기를 가득 싣고 돌아오는 배 위로 갈매기도 **幸福**( )한 날개짓을 한다.

확인하기 多 : 많을 다(C1-3) 不 : 아닐 불/부(E3-9) 福 : 복 복

🖊 幸을 필순에 맞게 쓰세요.

📖 빈 칸에 幸을 써 넣어 한자어를 만들고, 그 뜻을 읽어 보세요.

多幸(다행) : 일이 좋게 됨. 뜻밖에 잘 됨

不幸(불행) : 행복하지 못함

幸福(행복) : 복된 좋은 운수. 생활의 만족과 삶의 보람을 느끼는 흐뭇한 상태

詩로 배우는 漢字

📖 詩를 읽고 물음에 답하세요.

집
김영랑

내 집 아니라
늬집이라
날르다 얼른 돌아오라
처마 난간이
늬들 가여운 속삭임을 ㉠지음터라.

내 집 아니라
늬집이라
아배 간 뒤 머언 날
아들 손자 잠도 깨우리
문틈 사이 늬는 몇 대째 설워 우느뇨.

내 집 아니라
늬집이라
하늘 날던 은행잎이
좁은 마루 구석에 품인 듯 안겨든다
태고로 맑은 바람이 거기 살었니라.

오! 내 집이라
열 해요 스무 해를
앉았다 누었달 뿐
문밖에 바쁜 손(客)이
길 잘못 들어 날 찾아오고

손때 살내음도 절었을 난간이
흔히 나를 안고 한가하다.
한두 쪽 흰구름도 사라지는디
한 두엇 저질러논 부끄러운 짓
파아란 하늘처럼 아슴풀하다.

1. ㉠을 한자로 바꾸어 쓰세요.

客 : 손님 객(F2-6)

김영랑 [金永郎, 1903.1.16~1950]
본명은 윤식이며, 전라남도 강진에서 태어났습니다. 3·1운동 때 일본경찰에 체포되어 6개월 간 옥고를 치르기도 했습니다. 1930년에《시문학》동인으로 참가하면서 본격적인 작품 활동을 시작했으며, 1935년에는 첫 번째 시집인《영랑시집》을 간행했습니다. 일제시대 말에는 창씨개명과 신사참배를 거부했고, 8·15광복 후에는 민족운동에 참가했습니다. 6·25전쟁 때 서울을 빠져나가지 못하고 숨어 있다가, 파편에 맞아 사망했습니다.

톡톡톡 짧은 글짓기

이번 주에 배운 한자어를 넣어, 그림의 상황에 어울리게 짧은 글을 지어 보세요.

加工

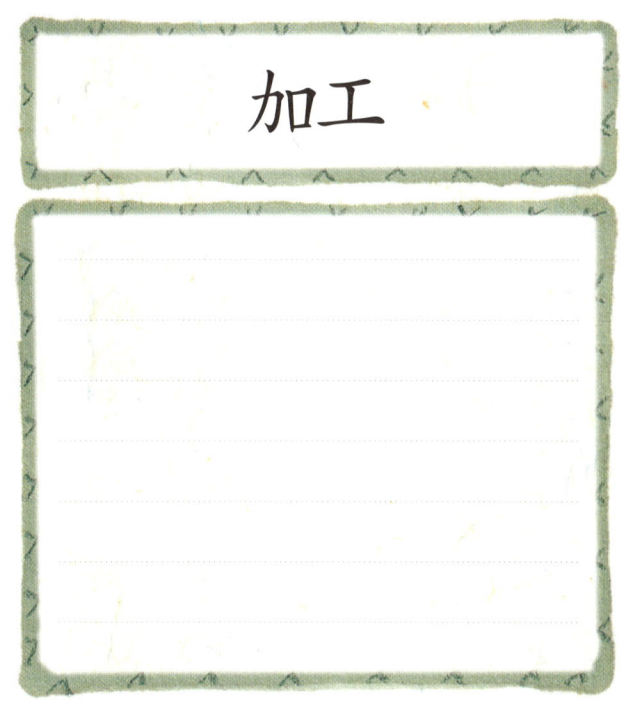

多幸

1. 서로 관련 있는 것끼리 선으로 이으세요.

2. 다음 빈 칸에 공통적으로 들어갈 한자를 보기 에서 찾아 쓰세요.

| 보기 | 字 　 知 　 幸 　 加 |

☐복　　다☐　　불☐ ……… ☐

☐미　　☐입　　☐공 ……… ☐

문☐　　숫☐　　십☐ ……… ☐

☐인　　고☐　　☐기 ……… ☐

3. 다음 밑줄 친 낱말의 뜻에 알맞은 한자를 쓰세요.

   • 나를 <u>알고</u>(　) 적을 알면 백 번 싸워 백 번 이길 수 있다.

   • <u>더하기</u>(　), 빼기, 곱하기, 나누기를 한자어로 표현하면 가감승제라 한다.

   • 개발 새발 삐뚤 빼뚤, 세 살박이 막내 동생이 쓴 <u>글자</u>(　)들.

   • <u>다행</u>(　)히도 벼랑 끝에는 나무 한 그루가 자리잡고 있었다.

4. 서로 관련 있는 것끼리 선으로 이으세요.

   字　　　知　　　加　　　幸

   力-총5획　　矢-총8획　　子-총6획　　干-총8획

5. 다음 빈 칸에 알맞은 한자어를 보기 에서 찾아 쓰세요.

   보기: 告知　　不幸　　文字　　加工

   • 2학기 기말고사 시험 시간표가 [고][지] 되었다.

   • 우리 고장의 특산물인 오징어를 [가][공] 하여 일본에 수출하고 있다.

   • [문][자] 의 종류는 표음문자와 표의문자로 나눌 수 있다.

   • 그 때 집을 비웠던 것이 정말 [불][행] 중 다행이었다.

돌멩이를 품은 자로

공자(孔子)에게는 여러 제자들이 있었는데, 그 중에 자로(子路)라는 제자가 있었습니다.
자로는 닭털 달린 모자를 비스듬히 쓰고, 허리춤에는 긴 칼을 차고 다녔습니다. 게다가 틈만 나면 힘자랑을 하느라 바빴습니다.
하루는 자로가 산에서 호랑이를 만났습니다. 그런데 엉겁결에 호랑이 꼬리를 잡았더니,
그만 꼬리가 쏙 빠져 버렸습니다. 자로는 꼬리만 들고 냉큼 도망쳐서 공자에게 달려갔습니다.
"스승님, 훌륭한 선비는 호랑이를 어떻게 잡습니까?"
"그야 호랑이 머리를 잡지. 중간쯤 되는 선비는 귀를 비틀어 잡고."
"그럼 가장 낮은 선비는요?"
"꼬리를 잡지."
이 말을 들은 자로는 가슴에 숨겨두었던 호랑이 꼬리를 꺼내 냇가에 휙 버렸습니다.
"쳇! 기분 나빠!"

화가 난 자로는 옷 안에 돌멩이를 감추고 공자를 찾아갔습니다. 그리고 또 물었습니다.
"스승님, 훌륭한 선비는 사람을 어떻게 죽입니까?"
"그야 붓 끝으로 죽이지. 훌륭한 글로써 사람을 비판한다는 뜻이다."
"중간쯤 되는 선비는요?"
"혓바닥으로 죽이지. 험한 말을 해서 사람을 죽인다는 뜻이다."
"그러면 가장 낮은 선비는요?"
그러자 공자는 빙그레 미소를 지으며 말했습니다.
"가장 못난 선비는 돌멩이를 품에 감춰서 죽이지."
깜짝 놀란 자로는 얼른 돌멩이를 꺼내서 버렸습니다. 스승을 몰라보고 돌멩이로 치려 한 자신이 너무나 부끄러웠습니다.
그후로 자로는 죽을 때까지 공자를 잘 섬겼습니다. 공자 역시 죽는 순간까지 자로를 아꼈습니다.

- 공자(孔子, BC 552~BC 479) : 노(魯)나라 추읍 출생으로 이름은 구(丘)입니다. 한 때 정치를 하기도 했지만 삼천 제자들을 가르치고 유가(儒家)의 창시자가 되었습니다.
- 자로(子路, BC 543~BC 480) : 공자의 제자로 성미는 거칠었으나 꾸밈없고 소박한 인품으로 가르침을 받으면 실천에 옮기는 인물로 평가됩니다. 또 매우 헌신적으로 공자를 섬겼습니다.

왼쪽의 한자어가 되도록 바르게 연결하세요.

11. 지인 · · 知口
12. 가입 · · 加口
13. 십자 · · 十
14. 다행 · · 不幸
     · · 人
     · · 字

다음 빈 칸에 알맞은 한자어를 고르세요.

15. 영민이는 여러 동아리에 ▢ 해야 할동한다.

① 告知   ② 加入   ③ 加工   ④ 不幸

16. 주인공은 교통 사고로 하루 아침에 고아가 되는 ▢ 도 이겨낸다.

① 不幸   ② 文字   ③ 知己   ④ 告知

다음 보기 에서 알맞은 한자어를 찾아 쓰세요.

보기   十字   告知   不幸   加入

17. 가 ▢   입 ▢

18. 십 ▢   자 ▢

19. 불 ▢   행 ▢

20. 고 ▢   지 ▢

평가 결과 및 향후 지도
점답 수
16~20문항 / 잘했어요. E3집 11유닛 진행하세요.
11~15문항 / 부족해요. 틀린 문제의 한자를 다시 학습한 후 E3집 11유닛 진행하세요.
10문항 이하 / 많이 부족해요. 이번 유닛 복습한 후 다음 유닛으로 진행하세요.

개단한자 형성평가

E단계 10호

날짜   월   일
점수

다음 물음에 답하세요.

1. 다음 한자와 음이 바르게 연결되지 않은 것을 고르세요.
   ① 字 - 자   ② 加 - 가   ③ 知 - 지   ④ 幸 - 행

2. 다음 한자와 훈이 바르게 연결된 것을 고르세요.
   ① 加 - 일   ② 知 - 더할   ③ 幸 - 백성   ④ 字 - 글자

3. 다음 빈 칸에 알맞은 한자와 훈음을 쓰세요.

    →  →

4. 다음 설명에 알맞은 한자를 쓰세요.

   "宀(집 면)과 子(아들 자)를 합해 만든 한자입니다. 집(宀)에서 아이(子)를 낳는다는 뜻을 나타낸 것이나 아이가 붙어나는 것처럼 글자도 많아진다는 내서 글자를 뜻하는 한자입니다."

다음 한자어의 음을 쓰세요.

5. 知人

6. 加工

7. 文字

8. 多幸

다음 보기 에서 알맞은 한자어를 찾아 쓰세요.

보기   知己   多幸   十字   加入

9. 서로 마음을 알아주는 벗이란 뜻의 지기지우(知己之友)의 준말 ....

10. 단체나 조직 따위에 들어감 ....

知
알 지

加
더할 가

字
글자 자

幸
다행 행

知加字幸
알 지   더할 가   글자 자   다행 행

加	知
幸	字
	知 加 字 幸

E단계 10호
해답

- **145a** 1. 아닐, 必, 미, 非
- 2. 아닐 비, 아닐 불/부, 반드시 필, 아닐 미
- **145b** 3. 非常口, 不足, 未來, 必要
- 4. 불공평, 비행, 미래, 생필품
- **146a** 지인, 지기
- **146b** 가입, 가공
- **147a** 문자, 숫자
- **147b** 다행, 불행
- **148a** 口, 알, 지
- **148b** 알, 지, 矢, 8획
- **149a** 力, 口, 더할, 가
- **149b** 더할, 가, 力, 5획
- **150a** 子, 글자, 자
- **150b** 글자, 자, 子, 6획
- **151a** 다행, 행
- **151b** 다행, 행, 干, 8획
- **153a** 1. 知, 지기   2. 知, 고지
- **153b** 知, 知, 知
- **154a** 1. 加, 가미   2. 加, 가공
- **154b** 加, 加, 加
- **155a** 知, 다행, 加, 동행
- **155b** 선행, 생전
- **156a** 1. 字, 숫자   2. 字, 십자
- **156b** 字, 字, 字
- **157a** 1. 幸, 불행   2. 幸, 행복
- **157b** 幸, 幸, 幸
- **158a** 1. 知音

159a 1.

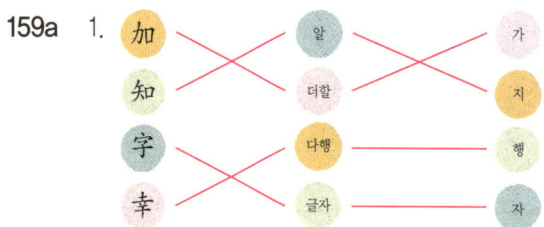

2. 幸, 加, 字, 知

159b 3. 知, 加, 字, 幸

4.

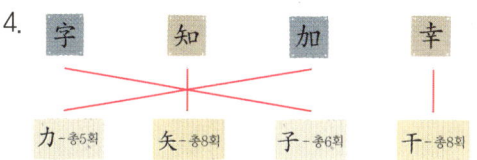

5. 告知, 加工, 文字, 不幸

형성평가

1. ③
2. ④
3. 幸, 다행 행
4. 字
5. 지인
6. 가공
7. 문자
8. 다행
9. 知己
10. 加入

11. 지인 ── 知 ── 入
12. 가입 ── 加 ── 幸
13. 십자 ── 十 ── 人
14. 다행 ── 多 ── 字

15. ②
16. ①
17. 加入
18. 十字
19. 不幸
20. 告知

펴낸이 : 정지향
펴낸곳 : (주)기탄교육
기획·편집·디자인 : 기탄교육연구소
주소 : 06698 서울특별시 서초구 효령로 40 기탄출판센터
등록 : 제2000-000098호
전화 : (02) 586-1007
팩스 : (02) 586-2337

※서점에 갈 시간이 없거나 구하기 어려운 분은 인터넷 또는 전화로 신청하세요. 즉시 우송해 드립니다.
● www.gitan.co.kr

ⓒ (주)기탄교육 All rights reserved.
저작권자의 동의 없이 본 교재를 무단으로 복제하거나 전재하는 것을 금합니다.

E단계에서 배운 한자들

加 더할 가

知 알 지	字 글자 자	幸 다행 행

不 아닐 불/부	非 아닐 비	未 아닐 미	必 반드시 필				
告 알릴 고	共 함께 공	首 머리 수	民 백성 민	元 으뜸 원	先 먼저 선	年 해 년	回 돌 회
可 옳을 가	由 말미암을 유	原 근원 원	因 인할 인	同 같을 동	求 구할 구	失 잃을 실	反 돌이킬 반
寸 마디 촌	京 서울 경	品 물건 품	市 시장 시	巨 클 거	具 갖출 구	各 각각 각	曲 굽을/곡조 곡

♥ 엄마가 한자나 한자어를 부르고 아이가 받아쓰도록 합니다.

11호

기탄교과서한자 E단계 3집 161a~176a

E3집
129a-192a

E3집
11호
161a-176a

초등 교과서 한자어를 총체 분석한 어휘력 향상 한자 학습 프로그램

기탄 교과서 한자

공부한 날   월   일 ~   월   일
           교   반
이름   전화

www.gitan.co.kr

기초부터 탄탄하게
기탄교육

E단계 학습 한자 일람

	E단계			
1집	寸,京,品,市 巨,具,各,曲 可,由,原,因 복습	2집	同,求,失,反 告,共,首,民 元,先,年,回 복습	3집	不,非,未,必 知,加,字,幸 表,形,味,香 복습	4집	星,軍,相,和 單,別,命,祖 居,章,異,再 복습

학습 진단 관리표

	한자		한자어		이번 주는
	읽기	쓰기	읽기	쓰기	
금주평가	Ⓐ 아주 잘함	Ⓐ 아주 잘함	Ⓐ 아주 잘함	Ⓐ 아주 잘함	● 학습방법 ❶ 매일매일 ❷ 가끔 ❸ 한꺼번에 하였습니다.
	Ⓑ 잘함	Ⓑ 잘함	Ⓑ 잘함	Ⓑ 잘함	● 학습태도 ❶ 스스로 잘 ❷ 시켜서 억지로 하였습니다.
	Ⓒ 보통	Ⓒ 보통	Ⓒ 보통	Ⓒ 보통	● 학습흥미 ❶ 재미있게 ❷ 실증내며 하였습니다.
	Ⓓ 노력해야 함	Ⓓ 노력해야 함	Ⓓ 노력해야 함	Ⓓ 노력해야 함	● 교재내용 ❶ 적합하다고 ❷ 어렵다고 ❸ 쉽다고 하였습니다.

지도 교사가 부모님께   부모님이 지도 교사께

종합평가   Ⓐ 아주 잘함   Ⓑ 잘함   Ⓒ 보통   Ⓓ 노력해야 함

E3집
161a-176a

이번 주 학습 포인트

1일차 (161a~163b)
- 다시보기를 통하여 知, 加, 字, 幸의 훈, 음, 형, 한자어를 복습합니다.
- 이번 주에 학습할 表, 形, 味, 香의 용례를 문장 속에서 찾아봅니다.
- 情, 氣는 아직 배우지 않은 한자이므로 훈음 읽기 위주로 학습합니다.

2일차 (164a~167b)
- 알아보기를 통하여 表, 形, 味, 香의 3요소와 필순, 부수를 학습합니다.
- 味, 香은 口 + 未 / 禾 + 日 로 파자(글자를 나누어서 풀이함)하여 이해하면 쉽게 기억할 수 있습니다.

3일차 (168a~170b)
- 만화를 통해 고사성어 知音의 뜻과 쓰임을 알아보고 적절한 때 사용할 수 있습니다.
- 表, 形과 다른 한자를 결합하여 만든 表面, 表情, 人形, 三角形 등의 한자어를 익힙니다.
- 造語(조어) 원리를 이해하여 다른 한자어도 만들어 보도록 합니다.

4일차 (171a~173b)
- 동화 '꿀강아지'를 읽고 지금까지 배운 한자를 문장 속에 활용해서 익힙니다.
- 味, 香과 다른 한자를 결합하여 만든 意味, 風味, 香水, 香氣 등의 한자어를 익힙니다.
- 香氣의 氣는 아직 배우지 않은 한자이므로 훈음 읽기 위주로 학습합니다.

5일차 (174a~176a)
- 이현보의 한시 '올벼 고개 숙이고'를 감상하고 시에 쓰인 한자의 3요소를 풀이합니다.
- 풀어보기, 형성평가를 통해 학습한자를 정리하고 '조선시대의 명탐정 이완'을 흥미롭게 읽어 봅니다.

1. 다음 빈 칸에 알맞게 쓰세요.

| 知 | 알 | | 加 | | 가 |
| | 글자 | 자 | 幸 | | |

2. 다음 빈 칸에 알맞은 훈음을 쓰세요.

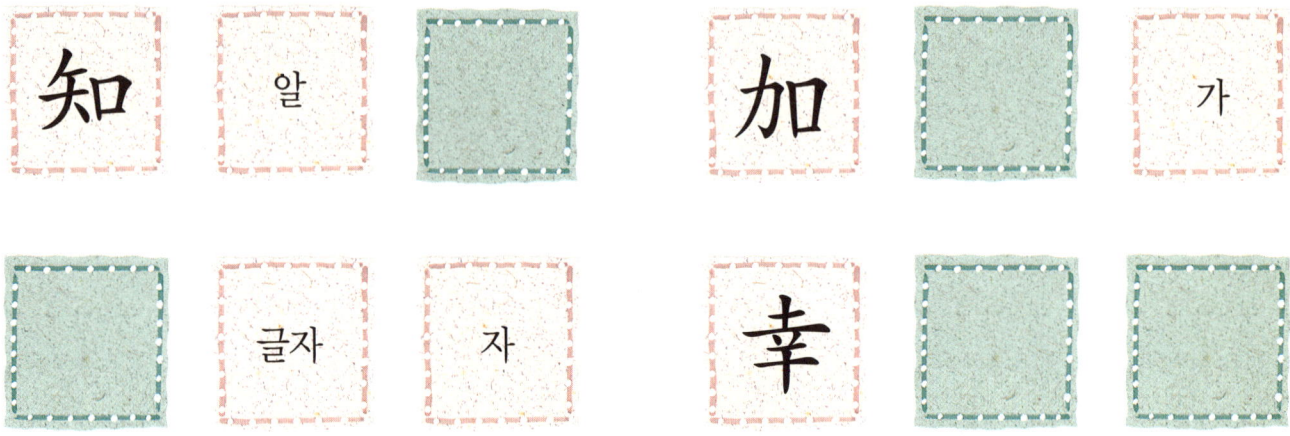

3. 다음 보기 에서 알맞은 한자어를 찾아 쓰세요.

> 보기   知人   加入   文字   多幸

- ☐ : 아는 사람. 사람의 됨됨이를 앎
- ☐ : 글자. 예로부터 전해 내려오는 문구
- 多幸 : 일이 좋게 됨. 뜻밖에 잘 됨
- ☐ : 단체나 조직 따위에 들어감

4. 다음 보기 에서 알맞은 음을 찾아 쓰세요.

> 보기   가입   지기   다행   문자

- 사물의 모양을 본떠서 만든 한자를 상형**文字** ☐☐ 라고 한다.
- 이 얼마나 **多幸** ☐☐ 입니까? 곰이 문 앞까지 왔다가 다시 돌아갔으니 말이에요.
- 오빠는 청소년 연맹에 **加入** ☐☐ 하여 많은 활동을 한다.
- 나의 진정한 **知己** ☐☐ 는 누구일까?

表가 쓰인 문장을 읽고 빈 칸에 한자어의 음을 쓰세요.

옛날 사람들은 달의 **表面(표면)**을 보고, 토끼가 방아를 찧고 있다고 생각하였습니다.

어두워질 무렵 한 남자가 속상한 **表情(표정)**으로 동네를 걷고 있었다.

확인하기 面 : 얼굴 면(B4-15)   情 : 뜻 정(F4-14)

 形 찾아보기

形이 쓰인 문장을 읽고 빈 칸에 한자어의 음을 쓰세요.

나는 **人形(인형)**을 무릎에 앉히고, 머리를 빗겨 주었습니다.

人 形

三角形(삼각형)의 한 변의 길이는 몇 센티미터입니까?

三 角 形

확인하기 人 : 사람 인(A3-11)   三 : 셋 삼(A2-5)   角 : 뿔 각(C3-10)

味가 쓰인 문장을 읽고 빈 칸에 한자어의 음을 쓰세요.

떡살의 무늬는 다양한 **意味(의미)**를 담고 있어서 때에 따라 다르게 사용하였다.

천 년이나 된 사찰의 **風味(풍미)**를 그대로 담은 듯 담백하고 깔끔한 맛에 난 매료되어 버렸다.

[확인하기] 意 : 뜻 의(D2-5)   風 : 바람 풍(B3-11)

香이 쓰인 문장을 읽고 빈 칸에 한자어의 음을 쓰세요.

우리는 용돈을 아껴서 엄마 생일 선물로 **香水(향수)**를 샀다.

무궁화는 은은한 **香氣(향기)**와 아담한 자태 때문에 선비의 꽃이라고도 일컬어지고 있습니다.

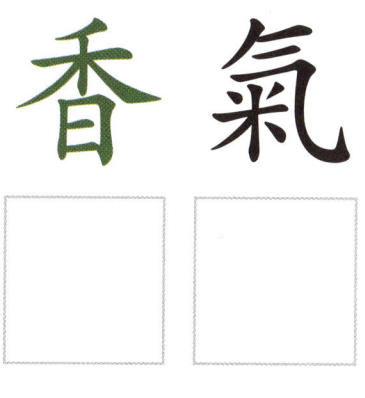

水 : 물 수(A1-2)   氣 : 기운 기(G2-5)

📖 表의 훈과 음을 읽어 보세요.

훈: 겉 음: 표

👁 表가 만들어진 유래를 알아보세요.

글자의 바깥 부분은 衣(옷 의)이고 가운데 부분은 毛(털 모)의 축약형입니다. 본래의 뜻은 밖에 입는 옷이란 의미였으나 후에 겉, 표면을 뜻하게 되었습니다.

✋ 빈 칸에 알맞게 쓰세요.

表는 바깥 부분은 衣이고 가운데 부분은 毛의 축약형으로 만들어진 한자로 훈은 ☐ 이고, 음은 ☐ 입니다.

[확인하기] 衣: 옷 의(C3-11)   毛: 털 모(C3-10)

📖 表의 부수와 총획수를 알아보고 빈 칸에 알맞게 쓰세요.

表
겉 표

부수 - 衣   총획 - 8획

▶衣는 '옷 의' 입니다.

· 表의 **훈**은 ☐ 이고, **음**은 ☐ 입니다.

· 表의 **부수**는 ☐ 이고, **총획**은 ☐ 입니다.

✍ 表의 필순을 알아보고 알맞게 쓰세요.

一 = 二 丰 主 丰 丰 丰 表

확인하기 · 表는 一 十 キ 主 丰 丰 丰 表 의 순서로 쓰기도 합니다.

기탄한자 E3-164b

形 알아보기

📖 形의 훈과 음을 읽어 보세요.

훈: 모양 음: 형

🔍 形이 만들어진 유래를 알아보세요.

우물 정   터럭 삼

井(우물 정)과 彡(터럭 삼)을 합해 만든 한자입니다. 开은 우물의 상형인 井(우물 정)의 변형된 모습이고 오른쪽의 彡(터럭 삼)은 머리털의 모양을 나타낸 한자입니다. 머리털은 그 사람의 용모를 나타내는 특징이 된다는 데서 모양, 모습, 형상을 뜻하게 되었습니다.

✏️ 빈 칸에 알맞게 쓰세요.

形은 井 (우물 정)과 彡 (터럭 삼)을 합한 한자로
훈은 ☐ 이고, 음은 ☐ 입니다.

확인하기 井: 우물 정   彡: 터럭 삼

🔍 形의 부수와 총획수를 알아보고 빈 칸에 알맞게 쓰세요.

形
모양 형

부수 – 彡   총획 – 7획

▶ 彡은 '터럭 삼' 입니다.

· 形의 **훈**은 [　　] 이고, **음**은 [　　] 입니다.
· 形의 **부수**는 [　　] 이고, **총획**은 [　　] 입니다.

✏️ 形의 필순을 알아보고 알맞게 쓰세요.

一 二 于 开 形 形 形

확인하기 · 形과 刑(형벌 형)은 모양이 비슷하므로 주의해야 합니다.

味 알아보기

📖 味의 훈과 음을 읽어 보세요.

훈:맛 음:미

🔍 味가 만들어진 유래를 알아보세요.

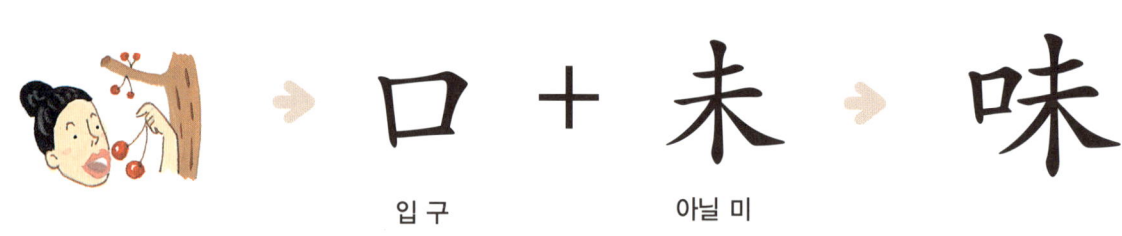

口 + 未 → 味

입 구   아닐 미

口(입 구)와 未(아닐 미)가 합해 만들어진 한자입니다. 口는 입, 未는 나무 끝에 열린 열매로 아직 익지 않은 과일을 나타냅니다. 입으로 아직 익지 않은 과일을 먹어 봄으로 맛, 맛을 보다를 뜻하는 한자입니다.

✏️ 빈 칸에 알맞게 쓰세요.

味는 ☐(입 구)와 ☐(아닐 미)를 합한 한자로

훈은 ☐ 이고, 음은 ☐ 입니다.

[확인하기] 口 : 입 구(A3-10)   未 : 아닐 미(E3-9)

🔵 味의 부수와 총획수를 알아보고 빈 칸에 알맞게 쓰세요.

味
맛 미

부수 - 口 총획 - 8획

▶ 口는 '입 구' 입니다.

· 味의 **훈**은 [　　] 이고, **음**은 [　　] 입니다.
· 味의 **부수**는 [　　] 이고, **총획**은 [　　] 입니다.

🔵 味의 필순을 알아보고 알맞게 쓰세요.

ㅣ 冂 口 口＾ 口＝ 呌 咊 味

味 味 味 味

(확인하기) · 口가 부수로 쓰이면 주로 '입, 먹는 것' 과 관련이 있습니다.

香 알아보기

📖 香의 훈과 음을 읽어 보세요.

훈 : 향기   음 : 향

💭 香이 만들어진 유래를 알아보세요.

禾 + 日 ➡ 香

벼 화   날/해 일

禾(벼 화)와 日(날/해 일)이 합해 만들어진 한자입니다. 禾는 벼가 고개 숙인 모양, 日은 솥에서 음식이 끓고 있는 모양을 나타낸 한자로, 솥에서 밥이 익을 때의 모습을 나타내어 향기, 냄새를 뜻하는 한자입니다.

✏️ 빈 칸에 알맞게 쓰세요.

香은 │ 禾 (벼 화) │와 │   (날/해 일) │을 합한 한자로

훈은 │   │이고, 음은 │   │입니다.

확인하기 禾 : 벼 화   日 : 날/해 일(A1-1)

🌀 香의 부수와 총획수를 알아보고 빈 칸에 알맞게 쓰세요.

香
향기 향

부수 – 香   총획 – 9획

▶ 香은 자기 자신이 부수로 쓰이는 한자입니다. 이런 한자를 '제부수자' 라 합니다.

· 香의 **훈**은 [　　] 이고, **음**은 [　　] 입니다.

· 香의 **부수**는 [　　] 이고, **총획**은 [　　] 입니다.

🌀 香의 필순을 알아보고 알맞게 쓰세요.

`ノ 二 千 手 禾 禾 香 香 香`

香　香　香　香

확인하기 · 番(차례 번)과 모양이 비슷하니 유의합니다.

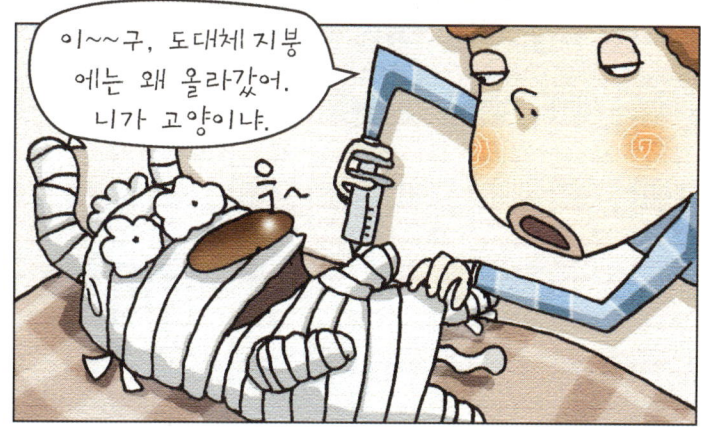

知 : 알 지　　音 : 소리 음

마음이 서로 통하는 친한 벗을 뜻하는 말로 중국 춘추 전국 시대의 거문고의 명인인 백아의 거문고 소리를 잘 알아듣는 사람은 그의 벗인 종자기 뿐이었다는 고사에서 유래하여 만들어졌습니다. 백아는 종자기가 죽자 더 이상 거문고를 연주하지 않고 거문고 줄을 잘라버렸다고 합니다.

表로 漢字語 만들기

보기 와 같이 빈 칸에 알맞게 쓰세요.

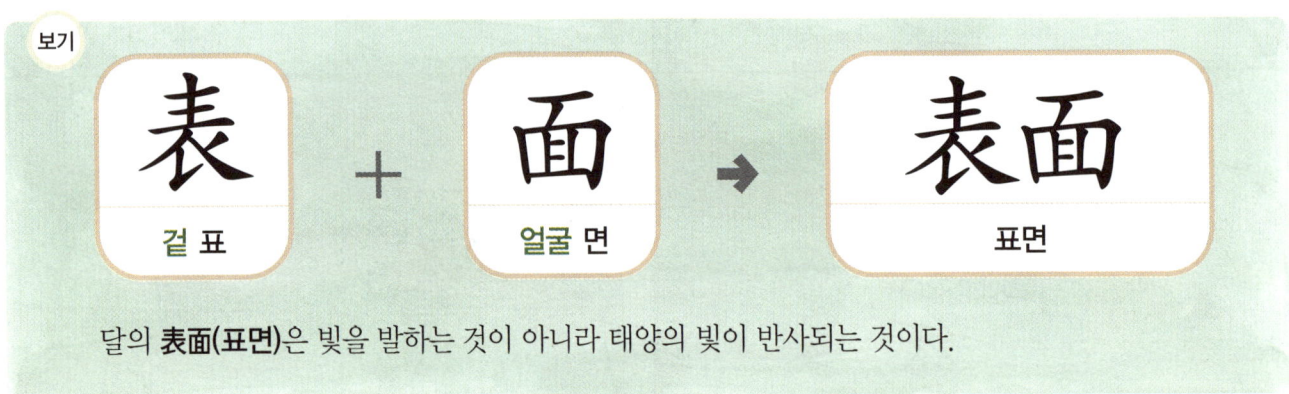

달의 **表面**(표면)은 빛을 발하는 것이 아니라 태양의 빛이 반사되는 것이다.

1.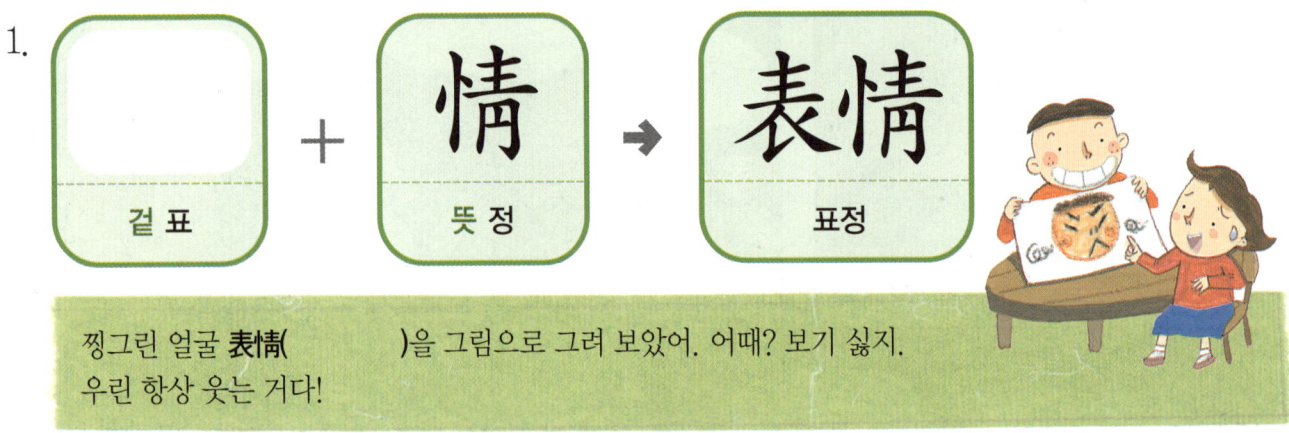

찡그린 얼굴 **表情**( )을 그림으로 그려 보았어. 어때? 보기 싫지. 우린 항상 웃는 거다!

2.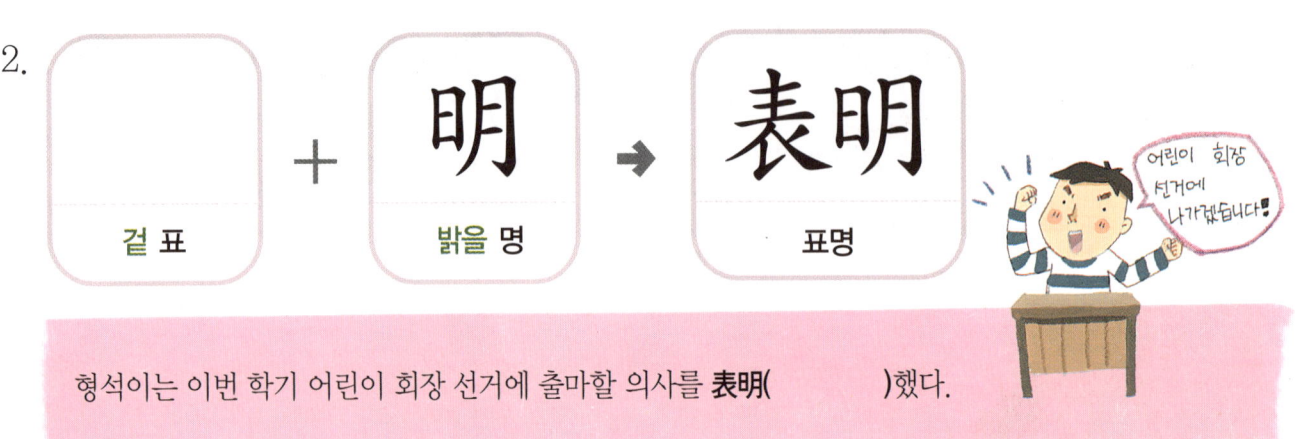

형석이는 이번 학기 어린이 회장 선거에 출마할 의사를 **表明**( )했다.

확인하기 面 : 얼굴 면(B4-15)   情 : 뜻 정(F4-14)   明 : 밝을 명(C2-7)

表를 필순에 맞게 쓰세요.

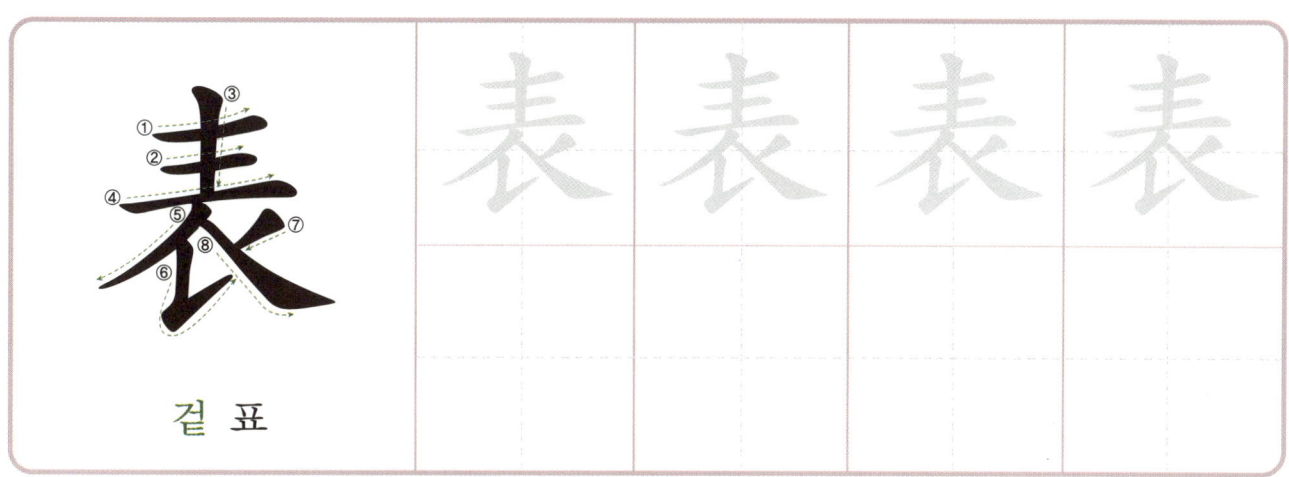

겉 표

빈 칸에 表를 써 넣어 한자어를 만들고, 그 뜻을 읽어 보세요.

  面  面  面

表面(표면) : 거죽으로 드러난 면. 겉. 겉면

  情  情  情

表情(표정) : 마음 속의 감정이나 정서 따위의 심리 상태가 얼굴에 나타남

 明 明 明

表明(표명) : 드러내어 명백히 함

보기 와 같이 빈 칸에 알맞게 쓰세요.

다른 아이들이 장난을 쳤는지, **人形**(인형)이 망가진 상태로 놓여 있습니다.

1.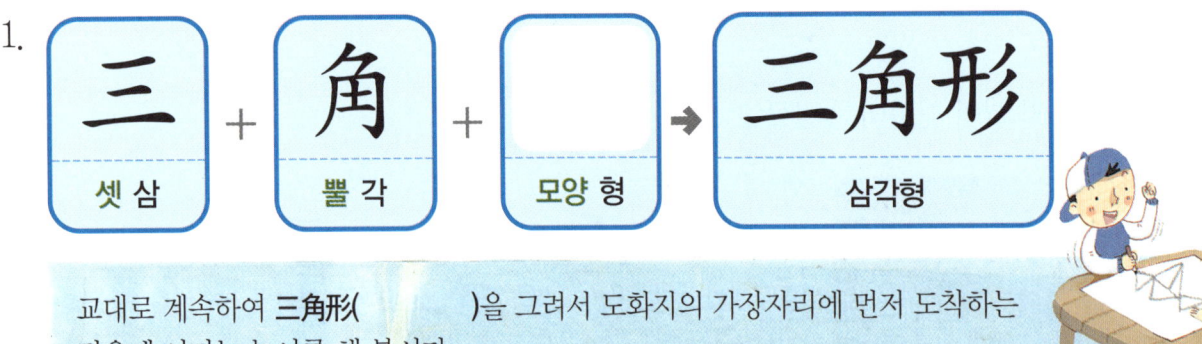

교대로 계속하여 **三角形**(　　　)을 그려서 도화지의 가장자리에 먼저 도착하는 경우에 이기는 놀이를 해 봅시다.

2.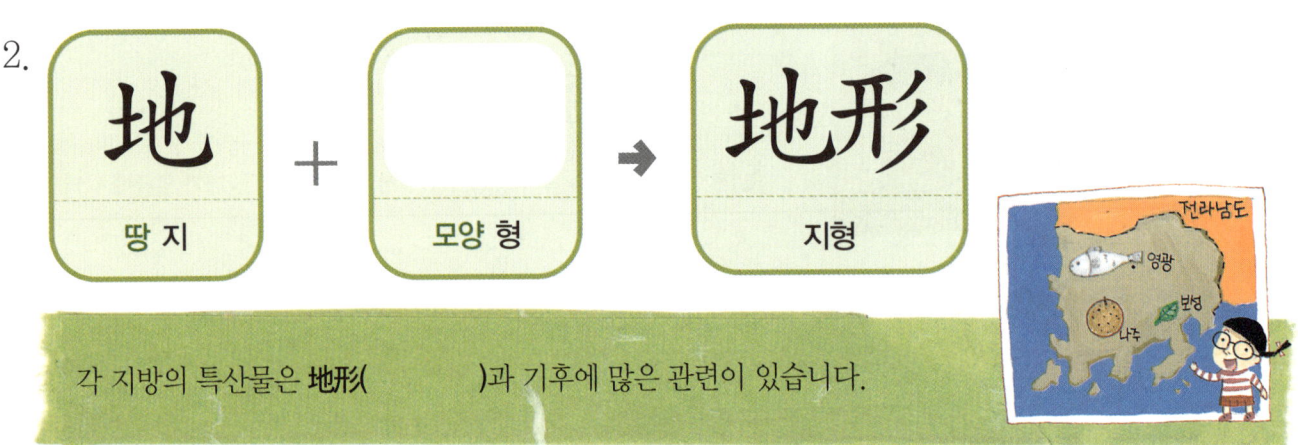

각 지방의 특산물은 **地形**(　　　)과 기후에 많은 관련이 있습니다.

확인하기 人 : 사람 인(A3-11)　　三 : 셋 삼(A2-5)　　角 : 뿔 각(C3-10)　　地 : 땅 지(C3-9)

形을 필순에 맞게 쓰세요.

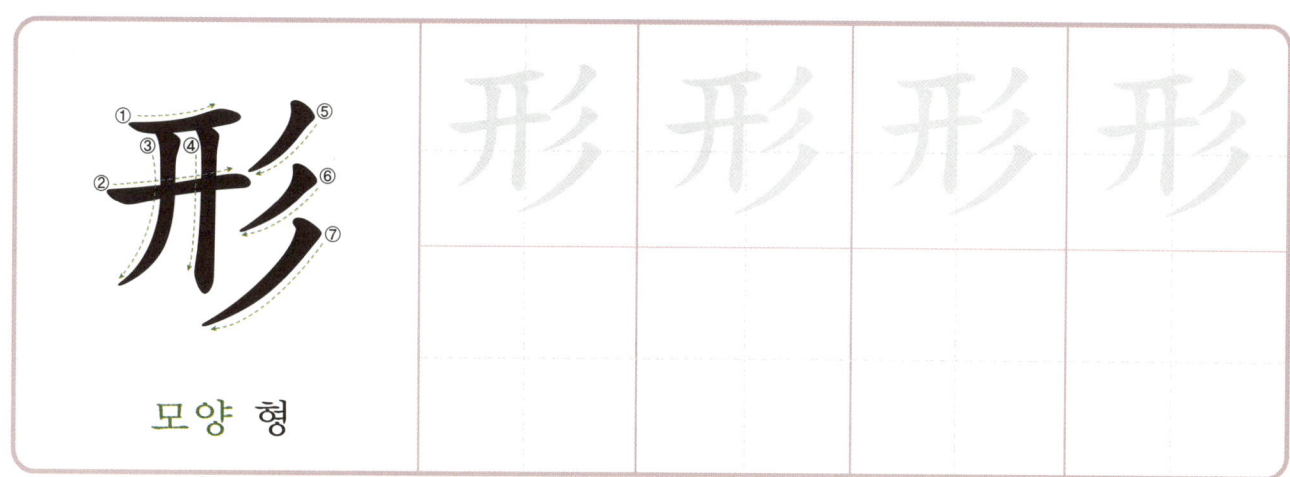

빈 칸에 形을 써 넣어 한자어를 만들고, 그 뜻을 읽어 보세요.

人形(인형) : 사람의 형상을 본떠 만든 장난감

三角形(삼각형) : 일직선 상에서 있지 않은 세 개의 점을 세 직선으로 연결하여 이루어진 도형

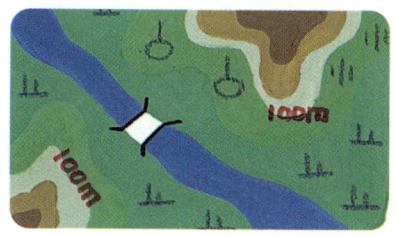   

地形(지형) : 땅의 생긴 모양. 땅의 형태

술술술 漢字 동화

동화를 읽고 보기 에서 알맞은 한자나 음을 찾아 쓰세요.

꿀강아지 1

남쪽 두메 산골에 꿀을 팔아 살아가는 꿀장수가 있었습니다.

어느 날 꿀장수는 꿀단지를 둘러메고 서울로 꿀을 팔러 갔습니다.

그런데 막상 서울에 도착해 보니 어디서 꿀을 팔아야 할지 알 수가 없었습니다.

시장 ☐ 이란 **글자** ☐ 하나 없고 사람은 많아 정신이 하나도 없었거든요.

꿀장수는 무작정 길거리에 꿀단지를 내려놓고 외쳤습니다.

"꿀 사시오. 꿀! **맛** ☐ 좋고 달콤한 **향기** ☐ 가 나는 꿀 사세요!"

보기 | 表　味　香　市　字　世上

그때 지나가던 부자가 그 모습을 보았습니다.

부자는 겉 모습이 초라하고 누가 봐도 어리숙해 보이는 꿀장수를 속여 꿀을 차지하고 싶어졌어요.

"여보슈, 당신 큰일날 짓을 하고 있구려. 나라에서 꿀을 못 팔게 하는 걸 몰랐소?"

세상 물정을 전혀 모르는 꿀장수는 겁이 덜컥 났습니다.

"아이고, 몰랐어요. 이를 어쩌나!"

"그 꿀을 가지고 다니다간 당장에 끌려 갈거요. 그러니 어서 내게 파시오.

나라에서 금지하는 것이라 제값은 못 쳐주고 노자나 하게 두 냥 드리리다.

형편이 하도 딱해 보여 도와주는 거요."

꿀장수는 머리가 땅에 닿도록 절을 하며 꿀을 팔았습니다. 속은 것도 모르고 말이지요.

— 계속 —

市 : 시장 시(E1-1) 字 : 글자 자(E3-10) 世 : 세상/인간 세(D4-13) 上 : 위 상(A4-15)

味로 漢字語 만들기

보기 와 같이 빈 칸에 알맞게 쓰세요.

보기

意 (뜻 의) + 味 (맛 미) → 意味 (의미)

'공경' 과 '사랑' 의 **意味**(의미)를 생각하며 항상 실천하기 위해 노력합시다.

1.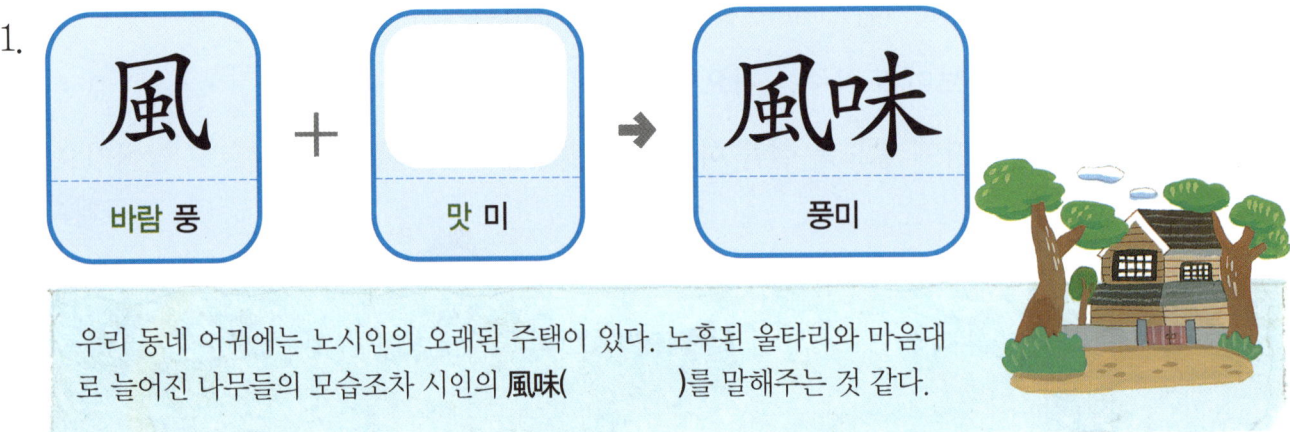

風 (바람 풍) + ☐ (맛 미) → 風味 (풍미)

우리 동네 어귀에는 노시인의 오래된 주택이 있다. 노후된 울타리와 마음대로 늘어진 나무들의 모습조차 시인의 **風味**(   )를 말해주는 것 같다.

2.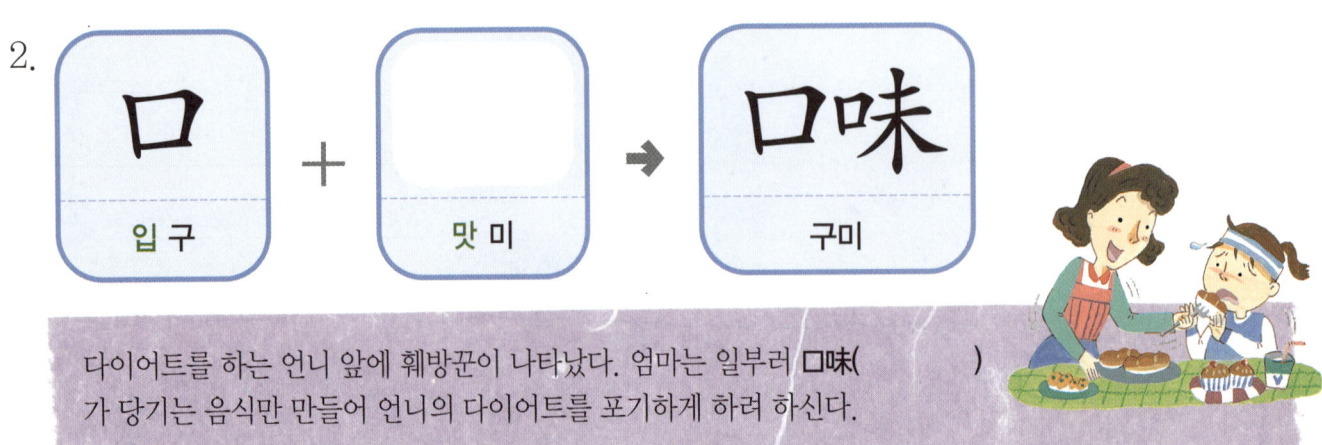

口 (입 구) + ☐ (맛 미) → 口味 (구미)

다이어트를 하는 언니 앞에 훼방꾼이 나타났다. 엄마는 일부러 **口味**(   )가 당기는 음식만 만들어 언니의 다이어트를 포기하게 하려 하신다.

확인하기 意 : 뜻 의(D2-5)   風 : 바람 풍(B3-11)   口 : 입 구(A3-10)

味를 필순에 맞게 쓰세요.

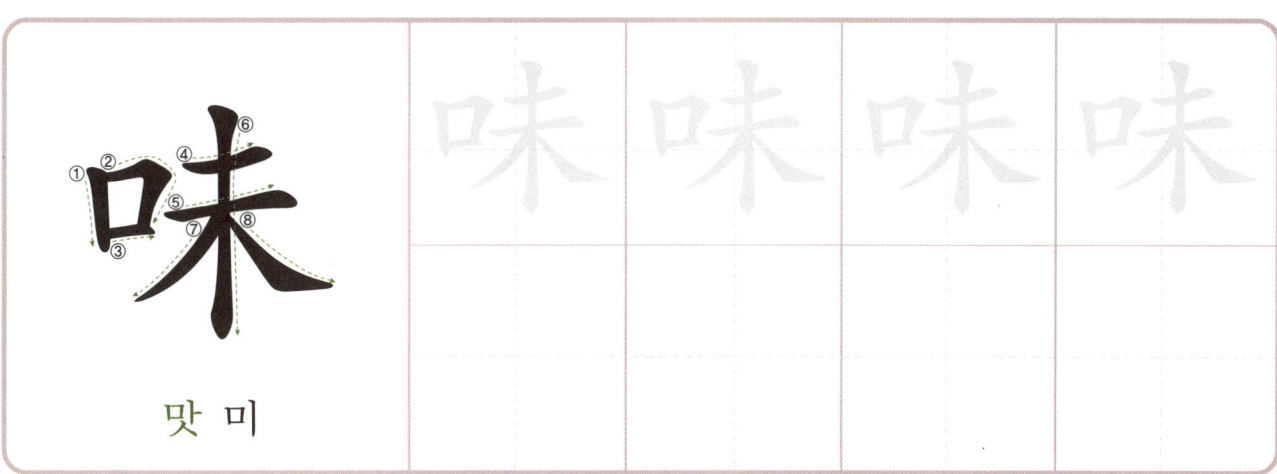

맛 미

빈 칸에 味를 써 넣어 한자어를 만들고, 그 뜻을 읽어 보세요.

意味(의미) : 어떤 말이 나타내고 있는 내용. 뜻

風味(풍미) : 음식의 좋은 맛. 사람 됨됨이의 고상한 멋

口味(구미) : 입맛

보기 와 같이 빈 칸에 알맞게 쓰세요.

우리 고모 방에는 여러 나라의 유명한 **香水(향수)**들이 진열되어 있다.

1.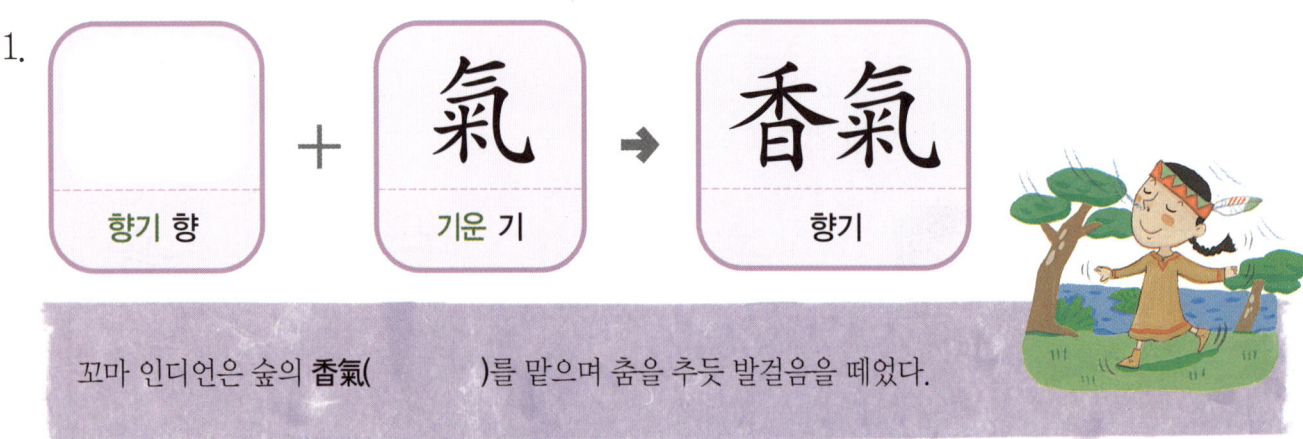

꼬마 인디언은 숲의 **香氣(   )**를 맡으며 춤을 추듯 발걸음을 떼었다.

2.

香(   )을 피워 그 연기를 관찰해 보세요.

확인하기 水 : 물 수(A1-2)   氣 : 기운 기(G2-5)

🖌 香을 필순에 맞게 쓰세요.

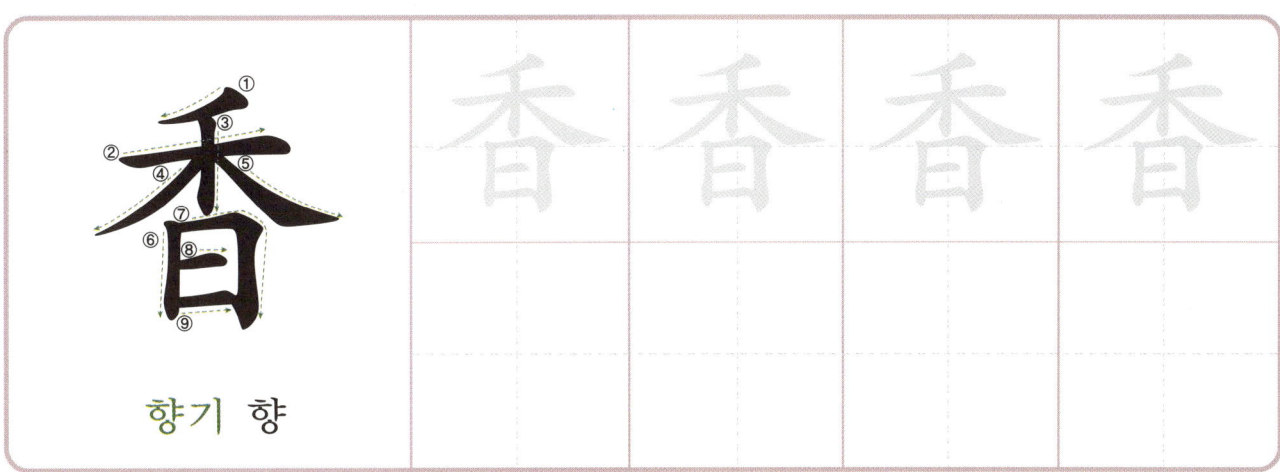

향기 향

📖 빈 칸에 香을 써 넣어 한자어를 만들고, 그 뜻을 읽어 보세요.

    水    水   水

香水(향수) : 향료를 알코올에 풀어서 만든 액체 화장품의 한 가지

    氣    氣   氣

香氣(향기) : 꽃이나 향 따위에서 나는 기분 좋은 냄새

香(향) : 향냄새가 나는 물건. 제전 따위에 피우는 향 냄새 나는 물건

기탄한자 E3-173b

詩로 배우는 漢字

🔵 詩를 읽고 물음에 답하세요.

올벼 고개 숙이고
이현보

올벼 고개 숙이고 열무 살쪘는데
낚시에 ㉠고기 물리고 게는 어이 내리는고
아마도 농가의 맑은 ㉡맛이 이 좋은가 하노라.

1. ㉠의 뜻에 알맞은 한자를 쓰세요.

2. ㉡의 뜻에 알맞은 한자를 쓰세요.

이현보 [李賢輔, 1467~1555]
조선 중기의 문신으로, 호는 '농암'입니다. 1498년(연산군 4)에 병과로 급제하였습니다. 1523년(중종 18) 성주목사로 있을 때, 백성을 잘 다스려 왕으로부터 표리(임금이 신하에게 내려 주던 포상)를 하사받기도 했습니다.
10장으로 전해지던 '어부사(漁父詞)'를 5장으로 고쳐 지었으며, 그것이 《청구영언》에 전해지고 있습니다. 저서에는 《농암집》이 있습니다.

톡톡톡 짧은 글짓기

이번 주에 배운 한자어를 넣어, 그림의 상황에 어울리게 짧은 글을 지어 보세요.

人形

香水

1. 서로 관련 있는 것끼리 선으로 이으세요.

香 ·   · 모양   · 표
形 ·   · 겉   · 향
味 ·   · 향기   · 형
表 ·   · 맛   · 미

2. 다음 빈 칸에 공통적으로 들어갈 한자를 보기 에서 찾아 쓰세요.

보기   表   味   形   香

인☐   지☐   삼각☐   ……… ☐

의☐   풍☐   구☐   ……… ☐

☐면   ☐정   ☐명   ……… ☐

☐기   ☐수   ☐   ……… ☐

3. 다음 밑줄 친 낱말의 뜻에 알맞은 한자를 쓰세요.

- 그녀의 **향기**(　　)에 취해 버릴 것 같다!
- 우리 동네에는 3대째 내려온 비법으로 **맛**(　　)을 유지하고 있는 설렁탕집이 있다.
- **겉**(　　) 희고 속 검은 이는 너 뿐인가 하노라!
- 그 도자기는 술병과 접시를 합해 놓은 듯 독특한 **모양**(　　)으로 만들어졌다.

4. 서로 관련 있는 것끼리 선으로 이으세요.

| 形 | 味 | 香 | 表 |

| 彡 - 총7획 | 香 - 총9획 | 衣 - 총8획 | 口 - 총8획 |

5. 다음 빈 칸에 알맞은 한자어를 보기 에서 찾아 쓰세요.

보기: 表面　　口味　　人形　　香水

- 조카 생일 선물로 줄 <인><형>을 내가 직접 만들고 있다.
- 그 때 보았던 예쁜 병의 그 <향><수> 구나!
- 호수 <표><면>에 신비로운 물안개가 가득 피어 정말 환상적이었다.
- 사냥꾼은 여우가 내민 조건에 <구><미>가 당겼다.

기탄한자 E3-175b

조선시대의 명탐정 이완

조선 선조 때 이완이라는 사람이 형조판서를 맡고 있을 때였습니다.
한 백성이 억울한 일이 생겨 형조에 찾아왔습니다. 이완이 사정을 들어보니, 그 백성은
이증이라는 관리의 횡포 때문에 억울한 일을 당한 것이었습니다.
이완은 그의 억울함을 인정하고, 이증에게 잘못을 바로잡으라고 명령했습니다.
그런데 다음 날 그 백성이 실종되었다는 소식이 들려왔습니다. 아무리 찾아보아도 그를 찾을 수 없자,
이완은 이증이 그를 죽여서 강물에 버린 것은 아닐까 의심하게 되었습니다.

그래서 많은 상금을 걸어 그의 시체를 찾게 했습니다.
사람들은 앞 다투어 강을 따라 오르내리면서 그물을
설치했습니다. 그러나 열흘이 지나도록 시체가
나타나지 않았습니다. 이완은 뭔가 이
상하다고 생각하여 부하 한 사람을
따로 불러내어 이렇게 말했습니다.
"시체를 찾고 있는 사람 중에 혹시 유
별난 사람이 있는지 살펴보아라!"
이완의 명령을 받은 그 부하는 여러
사람을 살펴보다가 이상한 사람을 발
견했습니다.
보통 사람들은 사나흘 정도 시체를
찾다가 지쳐서 돌아가 버리곤 했습니다.
그런데 단 한 사람만이 열흘이 넘도록 포기하지 않고 사람들 틈에 끼어 시체를 찾고 있는 것이었습니다. 그러면서 큰 소리로 떠들어댔습니다.
"여태까지 찾았는데도 없는 것을 보니, 앞으로도 찾기는 다 글렀소!"
이완의 부하는 그의 행동이 수상하다고 생각하여 그를 형조로 체포해 갔습니다.

그리고 그를 계속 심문하여 마침내 사실을 알아냈습니다.
관리 이증이 그에게 명령을 내려 억울한 백성을 죽이도록 했던 것이었습니다.
이완은 시체를 버린 장소를 찾아서, 백성의 시체를 강물에서 건져냈습니다.
그리고 포악한 관리 이증은 벌을 받아 감옥에서 죽음을 맞이했습니다. 조선시대의 명탐정 이완은 바로
이순신 장군의 조카이기도 했습니다.

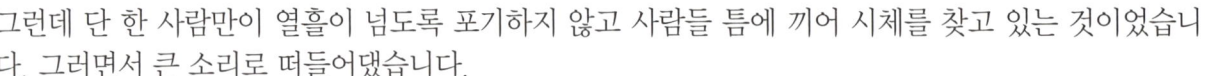

- 이완(李莞, 1579~1627) : 숙부인 이순신 장군을 도와 임진왜란에서 공을 세웠습니다. 1599년 무과에 급제하였고, 이천에서 일어난 이괄의 난을 평정한 공으로 가선대부라는 벼슬에까지 올랐습니다.

형성평가

E단계 11호

날짜: 월 일
점수:

다음 물음에 답하세요.

1. 다음 한자와 음이 바르게 연결된 것을 고르세요.
   ① 春 - 향   ② 味 - 미   ③ 表 - 미   ④ 形 - 향

2. 다음 한자와 훈이 바르게 연결되지 않은 것을 고르세요.
   ① 形 - 모양   ② 表 - 겉   ③ 味 - 아닐   ④ 春 - 향기

3. 다음 빈 칸에 알맞은 한자와 훈음을 쓰세요.

    未 → 末 →

   [ ]   [ ]

4. 다음 설명에 알맞은 한자를 쓰세요.

   口(입 구)와 未(아닐 미)가 합해져 만들어진 한자입니다. 未는 나무 끝에 열매로 아직 익지 않은 과일을 나타냅니다. 입으로 아직 익지 않은 과일을 먹어 봄으로 맛, 맛을 보다를 뜻하는 한자입니다.

   [ ]

다음 한자어의 음을 쓰세요.

5.  表面 [ ][ ]

6.  地形 [ ][ ]

7. 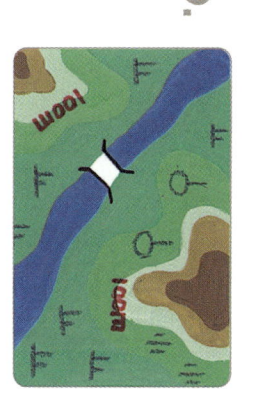 意味 [ ][ ]

8.  人形 [ ][ ]

9. 다음 <보기>에서 알맞은 한자어를 찾아 쓰세요.

   <보기> 人形   地形   表面   意味

   · 겉으로 드러난 면. 걸. 걸면 [ ][ ]
   · 땅의 생김 모양. 땅의 형태 [ ][ ]

왼쪽의 한자어가 되도록 바르게 연결하세요.

11. 표면 · · 人 · · 水
12. 인형 · · 風 · · 味
13. 풍미 · · 表 · · 面
14. 향수 · · 香 · · 形

다음 빈 칸에 알맞은 한자어를 고르세요.

15. 그의 제안은 ☐ 가 담기는 내용이었다.
   ① 口味   ② 地形   ③ 人形   ④ 表明

16. 그 문장이 뜻하는 ☐ 가 무엇인지 잘 생각해 보아라.
   ① 三角形   ② 表明   ③ 意味   ④ 口味

다음 〈보기〉에서 알맞은 한자어를 찾아 쓰세요.

〈보기〉 風味   香水   三角形   表明

17. 풍 ☐ 미 ☐

18. 향 ☐ 수 ☐

19. 삼 ☐ 각 ☐ 형 ☐

20. 표 ☐ 명 ☐

평가 결과 및 향후 진도

정답 수	
16~20문항	잘했어요. E3집 12호로 진행하세요.
11~15문항	부족해요. 틀린 문제의 한자를 다시 학습한 후 E3집 12호로 진행하세요.
10문항 이하	많이 부족해요. 이번 호를 복습한 후 다음 호로 진행하세요.

表
겉 표

形
모양 형

味
맛 미

香
향기 향

表 形 味 香

겉 표 모양 형 맛 미 향기 향

形	表
香	味
	表形味香

E단계 11호 해답

161a 1. 지, 더할, 字, 다행, 행
2. 글자 자, 더할 가, 다행 행, 알 지

161b 3. 知人, 文字, 多幸, 加入
4. 문자, 다행, 가입, 지기

162a 표면, 표정

162b 인형, 삼각형

163a 의미, 풍미

163b 향수, 향기

164a 겉, 표

164b 겉, 표, 衣, 8획

165a 모양, 형

165b 모양, 형, 彡, 7획

166a 口, 未, 맛, 미

166b 맛, 미, 口, 8획

167a 日, 향기, 향

167b 향기, 향, 香, 9획

169a 1. 表, 표정   2. 表, 표명

169b 表, 表, 表

170a 1. 形, 삼각형   2. 形, 지형

170b 形, 形, 形

171a 市, 字, 味, 香

171b 表, 世上

172a 1. 味, 풍미   2. 味, 구미

172b 味, 味, 味

173a 1. 香, 향기   2. 香, 향

173b 香, 香, 香

174a 1. 魚   2. 味

175a 1.

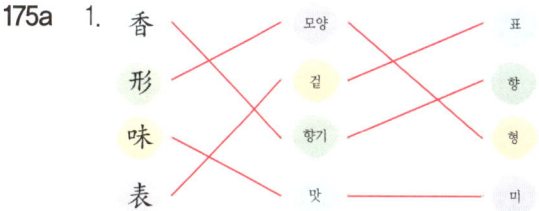

2. 形, 味, 表, 香

175b 3. 香, 味, 表, 形

4.

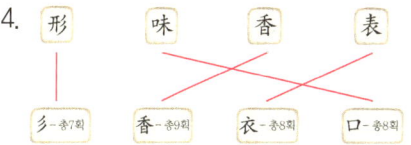

5. 人形, 香水, 表面, 口味

형성평가

1. ①
2. ③
3. 表, 겉 표
4. 味
5. 표면
6. 지형
7. 의미
8. 인형
9. 表面
10. 地形

11~14.

15. ①
16. ③
17. 風味
18. 香水
19. 三角形
20. 表明

펴낸이 : 정지향
펴낸곳 : (주)기탄교육
기획·편집·디자인 : 기탄교육연구소
주소 : 06698 서울특별시 서초구 효령로 40 기탄출판센터
등록 : 제2000-000098호
전화 : (02) 586-1007
팩스 : (02) 586-2337

※서점에 갈 시간이 없거나 구하기 어려운 분은 인터넷 또는 전화로 신청하세요. 즉시 우송해 드립니다.
● www.gitan.co.kr

ⓒ (주)기탄교육 All rights reserved.
저작권자의 동의 없이 본 교재를 무단으로 복제하거나 전재하는 것을 금합니다.

E 단계에서 배운 한자들

形	모양 형
味	맛 미
表	겉 표
香	향기 향
不	아닐 불/부
非	아닐 비
未	아닐 미
必	반드시 필
知	알 지
加	더할 가
字	글자 자
幸	다행 행
告	알릴 고
共	함께 공
首	머리 수
民	백성 민
元	으뜸 원
先	먼저 선
年	해 년
回	돌 회
可	옳을 가
由	말미암을 유
原	근원 원
因	인할 인
同	같을 동
求	구할 구
失	잃을 실
反	돌이킬 반
寸	마디 촌
京	서울 경
品	물건 품
市	시장 시
巨	클 거
具	갖출 구
各	각각 각
曲	굽을/곡조 곡

받아쓰기

♥ 엄마가 한자나 한자어를 부르고 아이가 받아쓰도록 합니다.

E3집
12호
177a-192a

초등 교과서 한자어를 총체 분석한 어휘력 향상 한자 학습 프로그램

기탄 교과서 한자

공부한 날   월   일 ~   월   일
           교   반
이름   전화

www.gitan.co.kr

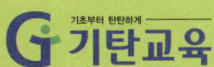

기초부터 탄탄하게
기탄교육

E단계 학습 한자 일람

	E단계						
1집	寸,京,品,市	**2집**	同,求,失,反	**3집**	不,非,未,必	**4집**	星,軍,相,和
	巨,具,各,曲		告,共,首,民		知,加,字,幸		單,別,命,祖
	可,由,原,因		元,先,年,回		表,形,味,香		居,章,異,再
	복습		복습		복습		복습

학습 진단 관리표

	한자		한자어	
	읽기	쓰기	읽기	쓰기
금주평가	Ⓐ 아주 잘함	Ⓐ 아주 잘함	Ⓐ 아주 잘함	Ⓐ 아주 잘함
	Ⓑ 잘함	Ⓑ 잘함	Ⓑ 잘함	Ⓑ 잘함
	Ⓒ 보통	Ⓒ 보통	Ⓒ 보통	Ⓒ 보통
	Ⓓ 노력해야 함	Ⓓ 노력해야 함	Ⓓ 노력해야 함	Ⓓ 노력해야 함

이번 주는
- 학습방법 ❶ 매일매일 ❷ 가끔 ❸ 한꺼번에 하였습니다.
- 학습태도 ❶ 스스로 잘 ❷ 시켜서 억지로 하였습니다.
- 학습흥미 ❶ 재미있게 ❷ 싫증내며 하였습니다.
- 교재내용 ❶ 적합하다고 ❷ 어렵다고 ❸ 쉽다고 하였습니다.

지도 교사가 부모님께 / 부모님이 지도 교사께

종합평가	Ⓐ 아주 잘함	Ⓑ 잘함	Ⓒ 보통	Ⓓ 노력해야 함

E3집 177a-192a

1일차 177a~180b
- '복습해요'를 통해 E3집에서 익힌 12자의 훈, 음, 형을 복습합니다.
- E3집에서 익힌 12자의 부수, 총획수, 자원, 훈음을 한 번 더 복습합니다.

2일차 181a~184b
- 만화를 통해 고사성어 竹馬故友의 뜻과 쓰임을 알아보고 적절한 때 사용합니다.
- 한자어다지기에서 아직 학습하지 않은 한자는 훈음 읽기 위주로 학습합니다.

3일차 185a~188b
- 동화 '꿀강아지'를 읽고 지금까지 배운 한자를 문장 속에 활용해 익힙니다.
- E3집에서 익힌 12자로 만들어지는 한자어를 복습합니다.

4일차 189a~190a
- E3집에서 익힌 한자어를 재미 있는 퍼즐 형식에 담아 풀어 봅니다.
- 한용운의 시 '행복'을 감상하고 시인의 삶과 약력도 이해해 봅니다.

5일차 190b~192a
- 풀어보기를 통해 E3집에서 익힌 12자의 훈음형을 복습합니다.
- 이야기 보따리 '은어와 도루묵'을 읽고 도루묵의 유래를 알아보고 형성평가를 통해 학습성취도를 점검합니다.

복습해요

📖 빈 칸에 알맞은 훈음을 쓰세요.

不

1. ☐

非

2. ☐

未

3. 아닐 미

必

4. 반드시 필

知

5. ☐

加

6. ☐

7.

8. 다행 행

9.

10. 모양 형

11.

12.

🔹 빈 칸에 알맞은 훈음을 쓰고 필순에 맞게 한자를 쓰세요.

1.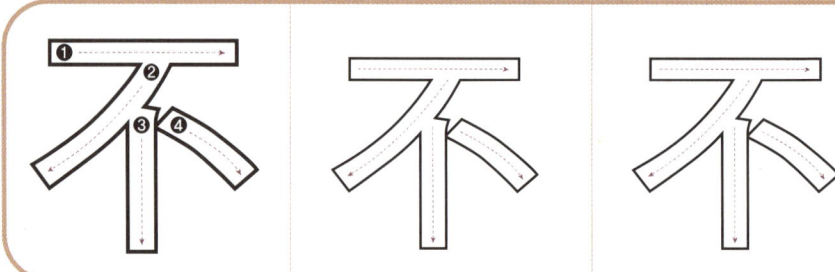

   훈: 음:

2.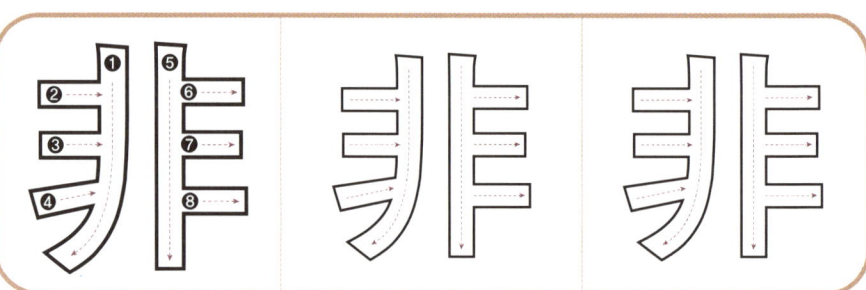

   훈: 음:

3.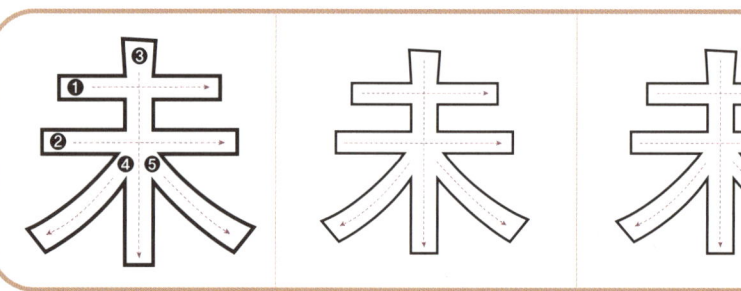

   훈: 음:

4.

   훈: 음:

확인하기 一 : 하나 일(A2-5)   木 : 나무 목(A1-3)   心 : 마음 심(B1-3)

E3-178a 기탄한자

빈 칸에 알맞게 쓰세요.

1.  不은 위의 가로선(一)은 지면을 표시하고, 아래 부분은 씨앗의 뿌리를 뜻하는 한자로 **훈**은 ☐ 이고, **음**은 ☐ 입니다.

2.  非는 새가 날개를 좌우로 벌린 모습을 나타낸 한자로 **훈**은 ☐ 이고, **음**은 ☐ 입니다.

3.  未는 나무(木)에 가지와 잎이 많이 달려 있는 모습(一)을 나타낸 한자로 **훈**은 ☐ 이고, **음**은 ☐ 입니다.

4.  必은 자루가 달린 물을 푸는 기구의 모양을 본떠 만들어진 한자로 **훈**은 ☐ 이고, **음**은 ☐ 입니다.

빈 칸에 알맞은 훈음을 쓰고 필순에 맞게 한자를 쓰세요.

1.
   훈: 음:

2.
   훈: 음:

3.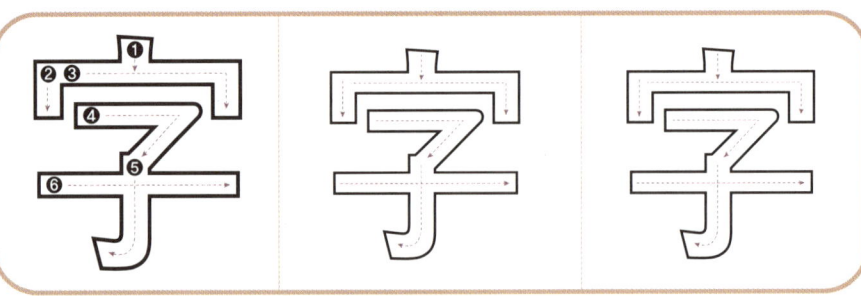
   훈: 음:

4.
   훈: 음:

확인하기 矢 : 화살 시   力 : 힘 력(A4-14)   子 : 아들 자(B1-2)   干 : 방패 간

빈 칸에 알맞게 쓰세요.

1.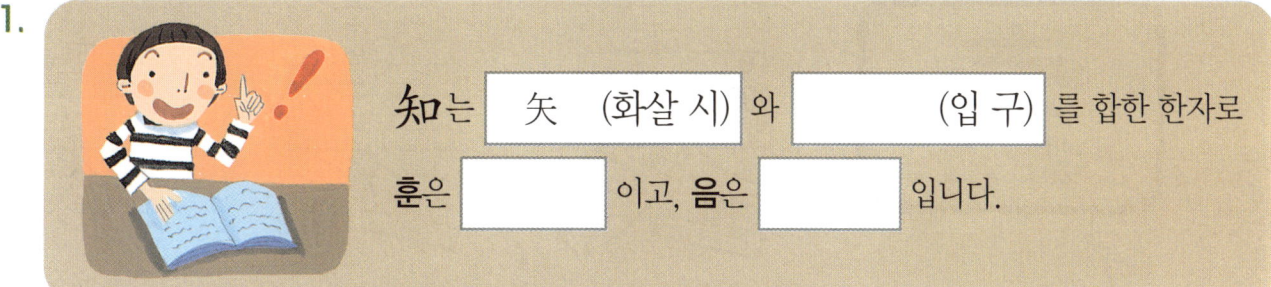
知는 矢 (화살 시)와 ☐ (입 구)를 합한 한자로 훈은 ☐ 이고, 음은 ☐ 입니다.

2.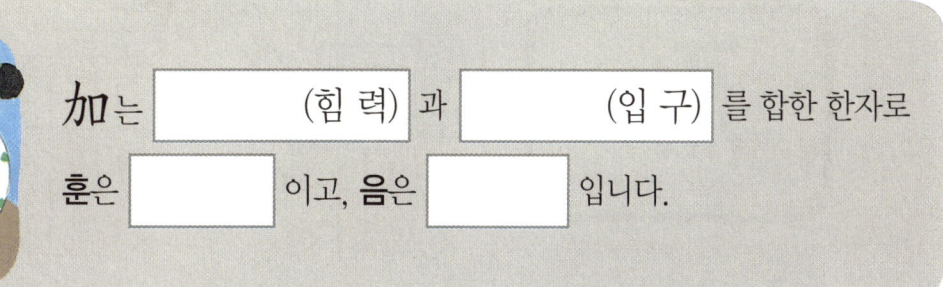
加는 力 (힘 력)과 ☐ (입 구)를 합한 한자로 훈은 ☐ 이고, 음은 ☐ 입니다.

3.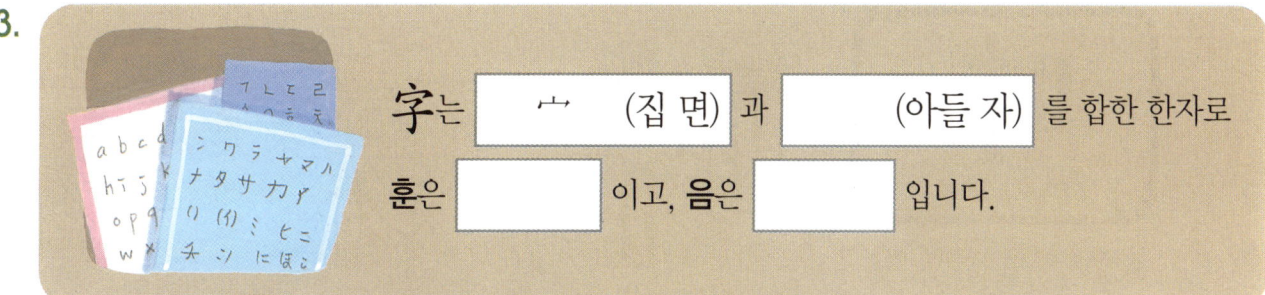
字는 宀 (집 면)과 ☐ (아들 자)를 합한 한자로 훈은 ☐ 이고, 음은 ☐ 입니다.

4.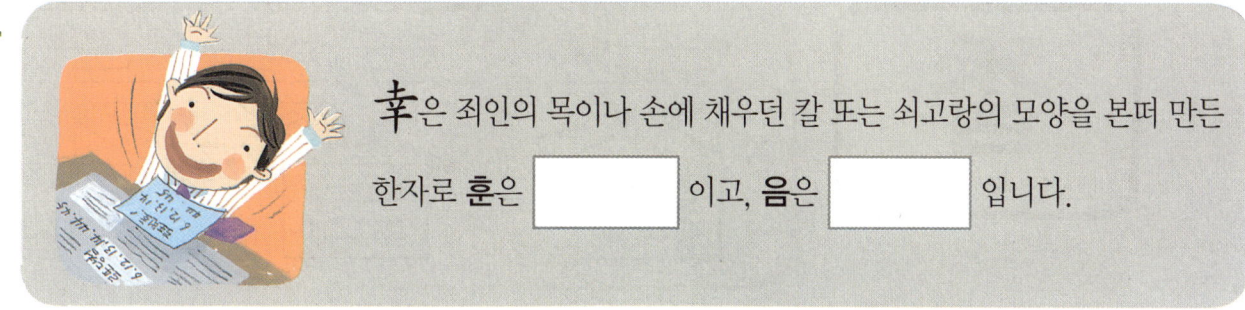
幸은 죄인의 목이나 손에 채우던 칼 또는 쇠고랑의 모양을 본떠 만든 한자로 훈은 ☐ 이고, 음은 ☐ 입니다.

확인하기 ☐ : 입 구(A3-10)　宀 : 집 면(갓머리)

빈 칸에 알맞은 훈음을 쓰고 필순에 맞게 한자를 쓰세요.

1.

   表
   衣부수 – 총 8획

   훈: 음:

2.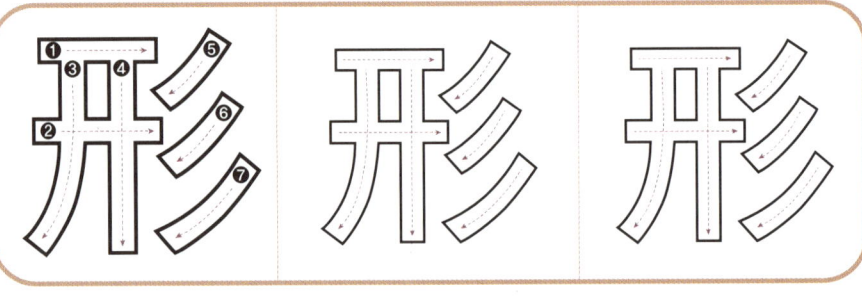

   形
   彡부수 – 총 7획

   훈: 음:

3.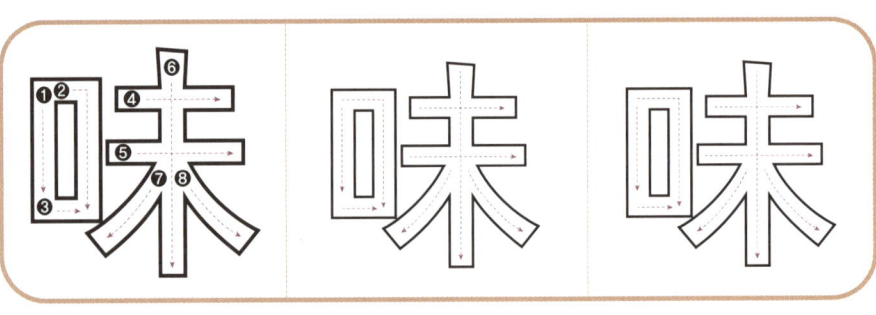

   味
   口부수 – 총 8획

   훈: 음:

4.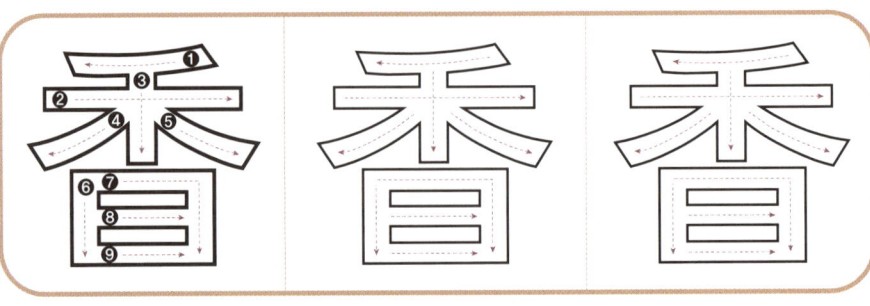

   香
   香부수 – 총 9획

   훈: 음:

확인하기   衣: 옷 의(C3-11)   彡: 터럭 삼   口: 입 구(A3-10)

빈 칸에 알맞게 쓰세요.

1.  表는 바깥 부분은 衣이고 가운데 부분은 毛의 축약형으로 만들어진 한자로 훈은 ☐ 이고, 음은 ☐ 입니다.

2.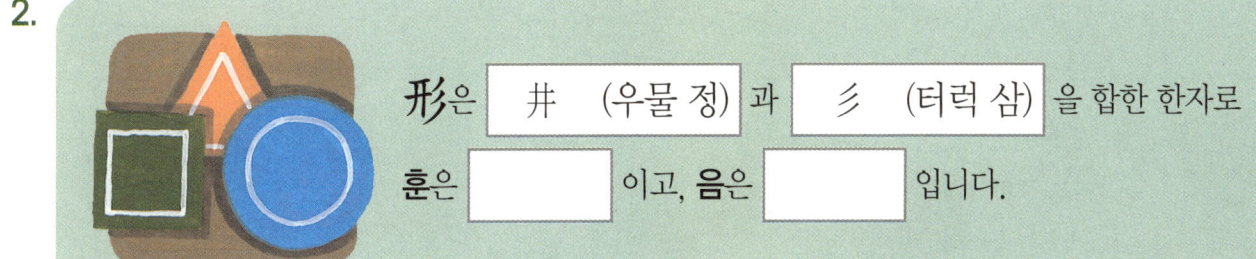
形은 井 (우물 정) 과 彡 (터럭 삼) 을 합한 한자로 훈은 ☐ 이고, 음은 ☐ 입니다.

3.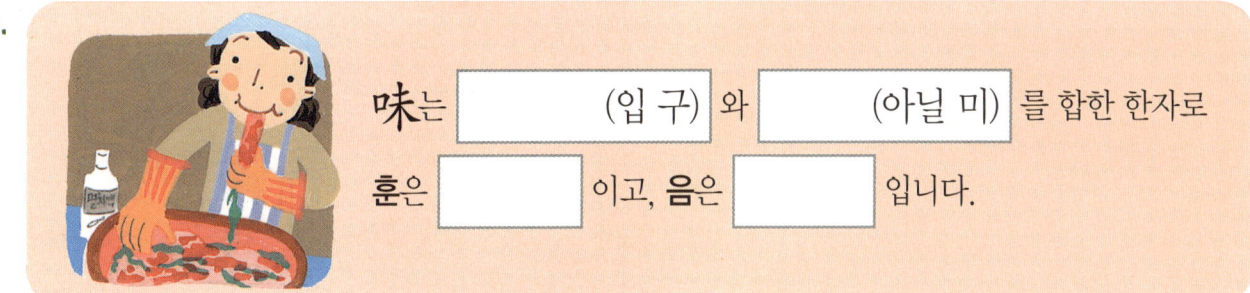
味는 ☐ (입 구) 와 ☐ (아닐 미) 를 합한 한자로 훈은 ☐ 이고, 음은 ☐ 입니다.

4.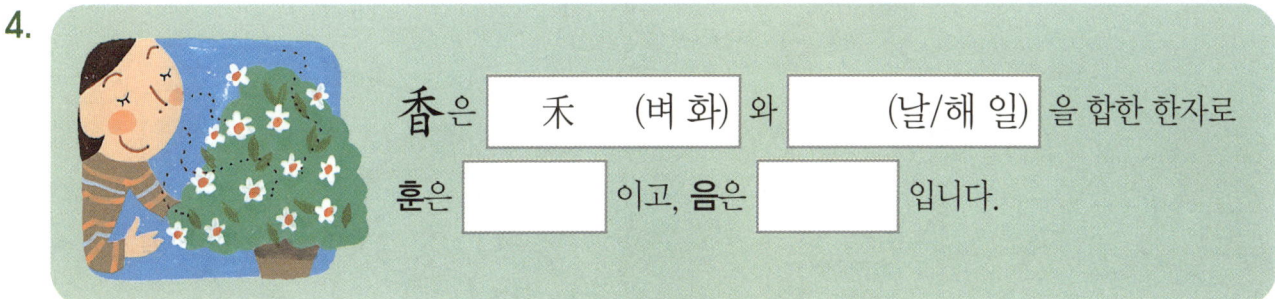
香은 禾 (벼 화) 와 ☐ (날/해 일) 을 합한 한자로 훈은 ☐ 이고, 음은 ☐ 입니다.

확인하기 毛 : 털 모(C3-10)   井 : 우물 정   未 : 아닐 미(E3-9)   禾 : 벼 화   日 : 날/해 일(A1-1)

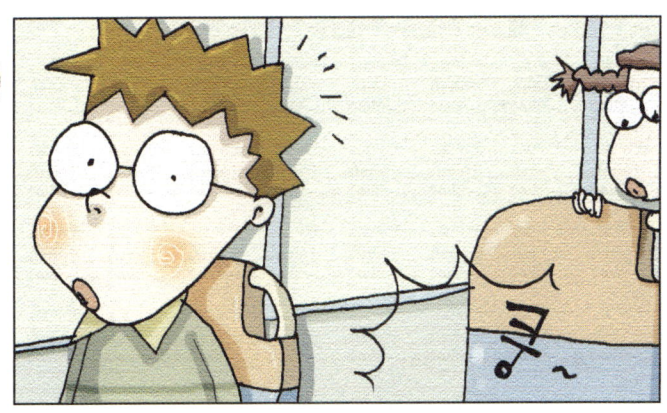

竹 : 대나무 죽　　馬 : 말 마　　故 : 연고 고　　友 : 벗 우

대나무말을 함께 타고 놀던 친구라는 뜻으로 어릴 때부터 같이 놀며 자란 오랜 벗을 이야기할 때 쓰는 성어입니다.

그림과 한자어를 연결하고 빈 칸에 음을 쓰세요.

1.

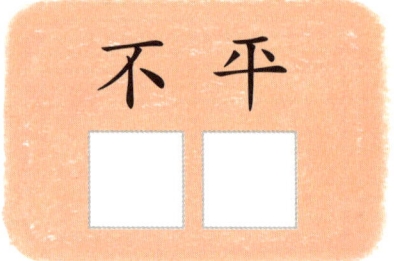

不平
[ ][ ]

2.

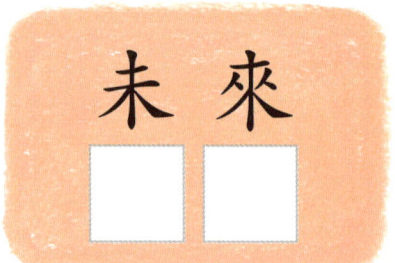

未來
[ ][ ]

3.

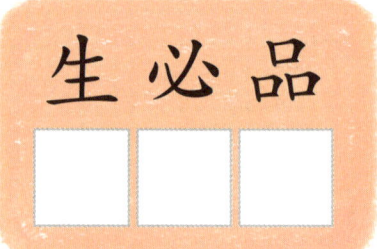

生必品
[ ][ ][ ]

4.

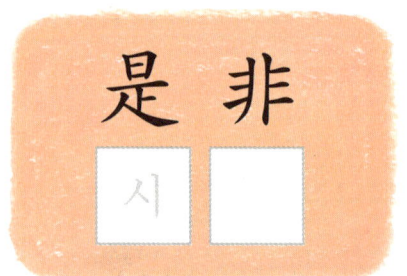

是非
[시][ ]

확인하기 平 : 평평할 평(D2-5)   來 : 올 래(C2-6)   生 : 날 생(B1-3)   品 : 물건 품(E1-1)   是 : 옳을 시

빈 칸에 알맞게 쓰세요.

1. 不

不公平(□□□) : 공평하지 아니함

□□(부족) : 어떤 한도에 모자람. 넉넉하지 않음

2. 非

非行(□□) : 잘못되거나 그릇된 행위

是非(시비) : 옳음과 그름. 옳거니 그르거니 하는 말다툼

3. 未

未來(□□) : 아직 다가오지 않은 때

□安(미안) : 남에게 폐를 끼쳐 마음이 편하지 못하고 거북함

4. 必

必要(필요) : 꼭 소용이 됨

□□□(생필품) : 일상생활에 없어서는 안 될 물품

[확인하기] 公: 공평할 공(D2-5)　足: 발 족(A3-11)　行: 다닐/항렬 행/항(C2-7)　安: 편안 안(F1-2)　要: 요긴할 요(G1-2)

漢字語 다지기

知 加 字 幸

그림과 한자어를 연결하고 빈 칸에 음을 쓰세요.

1.

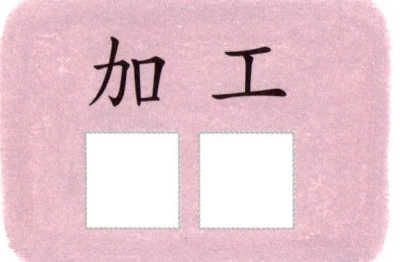
加 工

2.

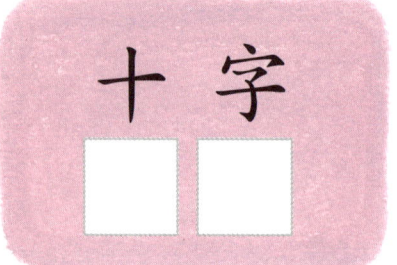
十 字

3.

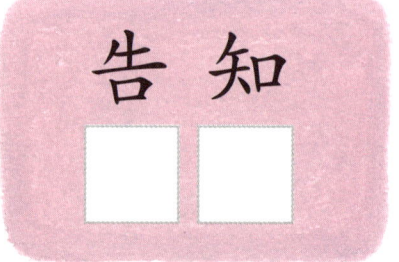
告 知

4.

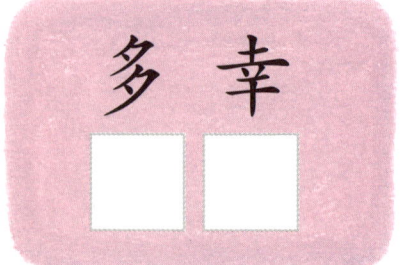
多 幸

확인하기 工 : 장인 공(B2-6)   十 : 열 십(A3-9)   告 : 알릴 고(E2-6)   多 : 많을 다(C1-3)

🔖 빈 칸에 알맞게 쓰세요.

1.
知人(지 | 인) : 아는 사람.
사람의 됨됨이를 앎

[知 | 己] (지기) : 서로 마음을 알아주는 벗이란 뜻의 지기지우(知己之友)의 준말

2.
[加 | 入] (가입) : 단체나 조직 따위에 들어감

加工(가 | 공) : 원료나 재료에 손을 더 대어 새로운 물건을 만드는 일

3.
數[字] (숫자) : 수를 나타내는 글자

文字(문 | 자) : 글자. 예로부터 전해 내려오는 문구

4.
多幸(다 | 행) : 일이 좋게 됨. 뜻밖에 잘 됨

[不 | 幸] (불행) : 행복하지 못함

확인하기 　人 : 사람 인(A3-11)　　己 : 몸 기(B2-5)　　入 : 들 입(C2-5)　　數 : 셀 수　　文 : 글월 문(C1-1)　　不 : 아닐 불/부(E3-9)

漢字語 다지기
表 形 味 香

🔸 그림과 한자어를 연결하고 빈 칸에 음을 쓰세요.

1.

   三 角 形
   | | | |

2.

   香 水
   | | |

3.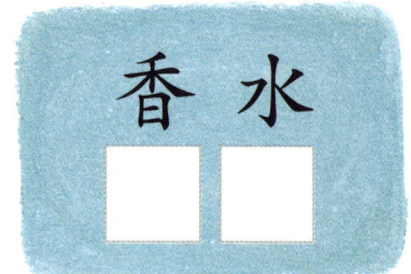

   口 味
   | | |

4.

   表 面
   | | |

확인하기 三 : 셋 삼(A2-5)   角 : 뿔 각(C3-10)   水 : 물 수(A1-2)   口 : 입 구(A3-10)   面 : 얼굴 면(B4-15)

빈 칸에 알맞게 쓰세요.

1.
表

表面(표 면) : 거죽으로 드러난 면. 겉. 겉면

表明(표 명) : 드러내어 명백히 함

2.
形

(人 形)(인형) : 사람의 형상을 본떠 만든 장난감

地形(지 형) : 땅의 생긴 모양. 땅의 형태

3.
味

(意 味)(의미) : 어떤 말이 나타내고 있는 내용. 뜻

風味(풍 미) : 음식의 좋은 맛. 사람 됨됨이의 고상한 멋

4.
香

香水(향 수) : 향료를 알코올에 풀어서 만든 액체 화장품의 한 가지

香氣(향기) : 꽃이나 향 따위에서 나는 기분 좋은 냄새

明 : 밝을 명(C2-7)   人 : 사람 인(A3-11)   地 : 땅 지(C3-9)   意 : 뜻 의(D2-5)   風 : 바람 풍(B3-11)   氣 : 기운 기(G2-5)

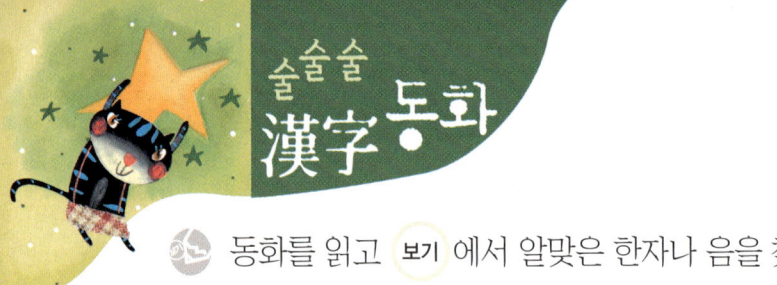

술술술 漢字 동화

동화를 읽고 보기 에서 알맞은 한자나 음을 찾아 쓰세요.

꿀강아지 2

다음 날 꿀장수가 두 냥을 받아 이리저리 걸어 다니다 시장에 다다랐어요.

그런데 시장에는 꿀을 파는 사람이 한둘이 아닌 거예요. 그제서야 꿀장수는 자기가 속은 것을 알았습니다. 꿀장수는 너무나 분해 잘잘못을 따지기 위해 부자를 찾아갔어요.

하지만 부자가 어떻게 나올지 알 수 없었기 때문에 꾀를 내기로 마음먹었어요.

"아이고, 나리! 어제 일이 너무 고마워 이렇게 다시 왔습니다. 사실 제게는 **향기** ☐ 로운 꿀똥을 싸는 강아지가 있습죠. 어제 그 **맛** ☐ 좋은 꿀도 그 강아지한테서 얻은 것이고요. 저희 마을에 오시면 제가 **반드시** ☐ 보여드리겠습니다." 부자는 귀가 솔깃해졌어요.

보기: 必 味 香 加 表 다행 외형

집으로 돌아간 꿀장수는 밤낮으로 강아지에게 꿀만 먹였습니다.

多幸[ ][ ]히 열흘쯤 되자 강아지가 꿀똥을 싸기 시작했지요. 그리고 부자가 꿀장수를 찾아왔습니다.

'거 참 신기하군. **外形**[ ][ ]은 다른 강아지와 다르지 않는데……. 저 놈만 있으면 금세 돈을 벌겠다.' 하지만 부자는 그 속마음을 겉[ ]으로 표현하지 않은 채 말했습니다.

"그 강아지 내게 팔게. 얼마면 되겠소? 이백 냥? 오백 냥? 에잇, 더 **더해서**[ ] 천 냥을 주리다!"

그리하여 꿀장수는 못 이기는 척 강아지를 팔았습니다.

집으로 돌아온 부자는 다음 날 아침, 강아지가 싼 똥을 냉큼 찍어 먹어 보았지요.

과연 무슨 맛이었을까요?

多 : 많을 다(C1-3)   外 : 밖 외(C2-5)

마무리하기
不 非 未 必

빈 칸에 알맞은 훈음을 쓰고 필순에 맞게 한자를 쓰세요.

	一ㄱオ不
不 1.	不 不

	ノ ナ 彐 ヨ 非 非 非 非
非 2.	非 非

	一 二 干 才 未
未 3.	未 未

	、 丷 必 必 必
必 4.	必 必

빈 칸에 알맞은 한자를 쓰세요.

1. 不

□足	□公平	□平
부족	불공평	불평

2. 非

□行	是□	□常口
비행	시비	비상구

3. 未

□安	□來	□完成
미안	미래	미완성

4. 必

□要	生□品	不□要
필요	생필품	불필요

빈 칸에 알맞은 훈음을 쓰고 필순에 맞게 한자를 쓰세요.

	ノ ヒ ニ チ 矢 矢 知 知 知
知 1.	知　知

	フ カ カ カ 加
加 2.	加　加

	丶 丷 宀 宀 宁 字
字 3.	字　字

	一 十 土 キ ナ 去 去 幸
幸 4.	幸　幸

빈 칸에 알맞은 한자를 쓰세요.

1. 知

知 人	知 己	告 知
지인	지기	고지

2. 加

加 入	加 工	加 味
가입	가공	가미

3. 字

文 字	十 字	數 字
문자	십자	숫자

4. 幸

多 幸	不 幸	幸 福
다행	불행	행복

빈 칸에 알맞은 한자를 쓰세요.

1. 表

□面	□情	□明
표면	표정	표명

2. 形

人□	三角□	地□
인형	삼각형	지형

3. 味

意□	風□	口□
의미	풍미	구미

4. 香

□水	□氣	□
향수	향기	향

요리조리 漢字 퍼즐

설명에 맞도록 빈 칸에 알맞은 한자를 써 넣어 퍼즐을 완성하세요.

가로열쇠

① 표면 : 거죽으로 드러난 면. 겉. 겉면
③ 불공평 : 공평하지 아니함
⑤ 구미 : 입맛
⑦ 다행 : 일이 좋게 됨. 뜻밖에 잘 됨
⑨ 풍미 : 음식의 좋은 맛. 사람 됨됨이의 고상한 멋
⑪ 삼각형 : 일직선 상에서 있지 않은 세 개의 점을 세 직선으로 연결하여 이루어진 도형

세로열쇠

① 표명 : 드러내어 명백히 함
② 불평 : 마음에 들지 않아 못마땅하게 여김
④ 의미 : 어떤 말이 나타내고 있는 내용. 뜻
⑥ 불행 : 행복하지 못함
⑧ 가미 : 음식물에 양념이나 식료품을 더 넣어 맛이 나게 함
⑩ 인형 : 사람의 형상을 본떠 만든 장난감

詩로 배우는 漢字

詩를 읽고 물음에 답하세요.

행복
한용운

나는 당신을 사랑하고, 당신의 행복을 사랑합니다.
나는 온 ⊙세상 사람이 당신을 사랑하고
당신의 행복을 사랑하기를 바랍니다.
그러나 정말로 당신을 사랑하는 사람이 있다면,
나는 그 사람을 미워하겠습니다.
그 사람을 미워하는 것은 당신을 사랑하는 마음의 한 부분입니다.
그러므로 그 사람을 미워하는 고통도 나에게는 행복입니다.

만일 온 세상 사람이 당신을 미워한다면,
나는 그 사람을 얼마나 미워하겠습니까.
만일 온 세상 사람이 당신을 사랑하지도 않고, 미워하지도 않는다면
그것은 나의 ⓒ一生에 견딜 수 없는 ⓒ불행입니다.
만일 온 세상 사람이 당신을 사랑하고자 하여
나를 미워한다면, 나의 행복은 더 클 수가 없습니다.

그것은 모든 사람이 나를 미워하는 원한의 두만강이 깊을수록,
나의 당신을 사랑하는 행복의 백두산이 높아지는 까닭입니다.

1. ⊙을 한자로 바꾸어 쓰세요.

2. ⓒ의 음을 쓰세요.

3. ⓒ을 한자로 바꾸어 쓰세요.

한용운 [韓龍雲, 1879.8.29~1944.6.29]
한국의 독립운동가이자, 승려이며, 시인입니다. 충청남도 홍성에서 태어났으며, 호는 만해입니다. 동학농민운동에 참가했지만, 실패하자 승려가 되었습니다. 1919년 3·1운동 때 민족대표 33인의 한 사람으로서 독립선언서에 서명했고, 이 일로 체포되어 3년형을 살았습니다. 1926년 시집 《님의 침묵》을 출판했고, 이듬해 신간회에 가입했습니다. 그 후 한용운은 불교 운동과 작품 활동을 계속하다가 서울 성북동에서 중풍으로 사망했습니다. 작품으로는 장편소설인 《박명》이 있고, 시집 《님의 침묵》을 비롯하여 《조선불교유신론》, 《불교대전》 등이 있습니다.

1. 다음 한자의 훈음을 쓰세요.

1) 必　　　　　2) 加　　　　　3) 幸

4) 表　　　　　5) 非　　　　　6) 知

7) 味　　　　　8) 不　　　　　9) 未

10) 香　　　　　11) 字　　　　　12) 形

2. 다음 빈 칸에 들어갈 한자를 보기에서 찾아 쓰세요.

보기: 非 未 不 形 知 字 加 表 味 香

13) ☐足 ……… 부족　　　14) ☐入 ……… 가입

15) ☐人 ……… 지인　　　16) 地☐ ……… 지형

17) ☐面 ……… 표면　　　18) ☐來 ……… 미래

19) 文☐ ……… 문자　　　20) 口☐ ……… 구미

21) ☐行 ……… 비행　　　22) ☐水 ……… 향수

3. 다음 풀이와 한자어를 바르게 연결하세요.

23) 일상생활에 없어서는 안 될 물품 · · 人形

24) 게시나 글을 통하여 알림 · · 風味

25) 음식의 좋은 맛. 사람 됨됨이의 고상한 멋 · · 告知

26) 사람의 형상을 본떠 만든 장난감 · · 加工

27) 원료나 재료에 손을 더 대어 새로운 물건을 만드는 일 · · 生必品

4. 왼쪽의 한자어가 되도록 바르게 연결하세요.

28) 불행 · 意 · 幸

29) 향수 · 不 · 明

30) 의미 · 知 · 己

31) 표명 · 香 · 味

32) 지기 · 表 · 水

5. 다음 훈음에 알맞은 한자를 쓰세요.

33) 반드시 필

34) 아닐 비

35) 글자 자

36) 겉 표

37) 더할 가

38) 아닐 불/부

39) 알 지

40) 모양 형

41) 다행 행

42) 아닐 미

43) 맛 미

44) 향기 향

은어와 도루묵

임진왜란 때 있었던 일입니다. 궁궐이 왜군에게 포위될 위기에 처하자, 선조와 신하들은 피난을 떠났습니다.

피난길이라 밥다운 밥 한 번 먹지 못했던 선조는 어느 날 생전 처음 보는 생선을 먹었는데, 그 맛이 아주 좋았습니다. 그래서 신하에게 물었습니다.

"이 생선의 이름이 무엇인고?"

"'묵'이라 하옵니다."

"이렇게 맛있는 고기의 이름이 '묵'이라고? 참으로 멋대가리 없는 이름이구나. 맛에 걸맞는 이름을 지어야겠다.

흠…. 옳지! 앞으로 이 고기의 이름을 '은어(銀魚)'라고 하라."

선조는 이렇게 '묵'이라는 고기에게 멋진 이름을 새로 지어 주었습니다.

그 후 왜적이 물러가자 선조는 다시 서울의 궁궐로 돌아왔습니다.

그런데 아무리 잘 차린 밥상을 받아도 선조는 뭔가 허전했습니다. 피난길에서 맛있게 먹었던 '은어' 생각이 자꾸만 떠올랐기 때문이었습니다.

그래서 선조는 신하에게 그 고기를 구해 오라고 시켰습니다. 그런데 막상 다시 은어 고기를 먹자, 이상하게도 예전과는 달리 그 맛이 영 형편없었습니다.

선조는 얼굴을 찌푸린 채 젓가락을 탁 내려놓으며 말했습니다.

"에잇! 이 고기의 이름을 도로 '묵'이라고 하라!"

이때부터 사람들은 그 고기를 '도루묵'이라고 부르기 시작했습니다.

銀 : 은 은   魚 : 물고기 어(B3-9)

기본한자 형성평가

E단계 12호

1. 훈 : 아닐
   음 : 비

2. 훈 : 향기
   음 : 향

다음 물음에 답하세요.

3. 다음 한자와 음이 바르게 연결된 것을 고르세요.
   ① 知 - 나   ② 宇 - 요   ③ 加 - 신   ④ 幸 - 행

4. 다음 한자와 음이 바르게 연결되지 않은 것을 고르세요.
   ① 非 - 비   ② 不 - 십   ③ 形 - 형   ④ 必 - 필

5. 다음 빈 칸에 알맞은 한자와 음뜻을 쓰세요.

↓

↓
□ □

6. 다음 설명에 알맞은 한자를 쓰세요.

   矢(화살 시)와 口(입 구)가 합해져 만들어진 한자입니다. 고대에는 화살을 통해 권위, 사냥, 여러 가지 신호의 도구 등을 나타냈습니다. 화살(矢)을 통해 말하는(口) 것을 안다에서, 알다, 깨닫다를 뜻하는 한자입니다.

   □

다음 한자어의 음을 쓰세요.

7.  不足 □ □

8.  人形 □ □

9. 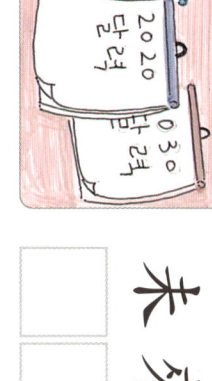 未來 □ □

10.  表面 □ □

※ 다음 빈 칸에 공통적으로 들어갈 한자를 〈보기〉에서 찾아 쓰세요.

〈보기〉 未 幸 加 知

11. 복 [ ] 다 / 불 [ ]

12. [ ] 안 / [ ] 래 / 완성

13. [ ] 인 / [ ] 고 / 기

※ 다음 물음에 답하세요.

14. '드러내어 명백히 함'을 뜻하는 한자어를 고르세요.
① 不公平   ② 未來   ③ 十字   ④ 表明

15. '단체나 조직 따위에 들어감'을 뜻하는 한자어를 고르세요.
① 加入   ② 加工   ③ 人形   ④ 口味

16. 文字의 알맞은 풀이를 고르세요.
① 입맛   ② 행복하지 못함
③ 일이 중계 됨. 못밖에 잘 됨   ④ 글자. 예로부터 전해 내려오는 문구

※ 다음 〈보기〉에서 알맞은 한자어를 찾아 쓰세요.

〈보기〉 非行 知人 文字 不幸

17. 문 [ ] 자 [ ]

18. 비 [ ] 행 [ ]

19. 불 [ ] 행 [ ]

20. 지 [ ] 인 [ ]

평가 결과 및 향후 진도

정답 수	
16~20문항	잘했어요. E4집 13호로 진행하세요.
11~15문항	부족해요. 틀린 문제의 한자를 다시 학습한 후 E4집 13호로 진행하세요.
10문항 이하	많이 부족해요. 이번 호를 복습한 후 다음 호로 진행하세요.

不	非	未	必
아닐 불/부	아닐 비	아닐 미	반드시 필
知	加	字	幸
알 지	더할 가	글자 자	다행 행
表	形	味	香
겉 표	모양 형	맛 미	향기 향

不 非 未 必

知 加 字 幸

表 形 味 香

E단계 12호 해답

177a	1. 아닐 불/부	2. 아닐 비	3. 아닐 미
	4. 반드시 필	5. 알 지	6. 더할 가
177b	7. 글자 자	8. 다행 행	9. 겉 표
	10. 모양 형	11. 맛 미	12. 향기 향
178a	1. 아닐, 불/부	2. 아닐, 비	
	3. 아닐, 미	4. 반드시, 필	
178b	1. 아닐, 불/부	2. 아닐, 비	
	3. 아닐, 미	4. 반드시, 필	
179a	1. 알, 지	2. 더할, 가	
	3. 글자, 자	4. 다행, 행	
179b	1. 口, 알, 지	2. 力, 口, 더할, 가	
	3. 子, 글자, 자	4. 다행, 행	
180a	1. 겉, 표	2. 모양, 형	
	3. 맛, 미	4. 향기, 향	
180b	1. 겉, 표	2. 모양, 형	
	3. 口, 未, 맛, 미	4. 日, 향기, 향	
182a	불평, 미래, 생필품, 시비		
182b	1. 불공평, 부족	2. 비행	
	3. 미래, 未	4. 生必品	
183a	가공, 십자, 고지, 다행		
183b	1. 지인, 知己	2. 加入, 가공	
	3. 字, 문자	4. 다행, 不幸	
184a	삼각형, 향수, 구미, 표면		
184b	1. 표면, 표명	2. 人形, 지형	
	3. 意味, 풍미	4. 향수	
185a	香, 味, 必		
185b	다행, 외형, 表, 加		
189b	① 表, 明	②, ③ 不	④, ⑤ 味
	⑥ 不, 幸	⑦ 幸	⑧ 加, 味
	⑨ 味	⑩ 人, 形	⑪ 形

190a	1. 世上	2. 일생	3. 不幸
190b	1) 반드시 필	2) 더할 가	3) 다행 행
	4) 겉 표	5) 아닐 비	6) 알 지
	7) 맛 미	8) 아닐 불/부	9) 아닐 미
	10) 향기 향	11) 글자 자	12) 모양 형
	13) 不 14) 加	15) 知 16) 形	17) 表
	18) 未 19) 字	20) 味 21) 非	22) 香

191a
23) 일상생활에 없어서는 안 될 물품 — 生必品
24) 게시나 글을 통하여 알림 — 告知
25) 음식의 좋은 맛. 사람, 됨됨이의 고상한 멋 — 風味
26) 사람의 형상을 본떠 만든 장난감 — 人形
27) 원료나 재료에 손을 더 대어 새로운 물건을 만드는 일 — 加工

28) 불행 — 不 — 幸
29) 향수 — 香 — 水
30) 의미 — 意 — 味
31) 표명 — 表 — 明
32) 지기 — 知 — 己

191b	33) 必	34) 非	35) 字	36) 表	37) 加
	38) 不	39) 知	40) 形	41) 幸	42) 未
	43) 味	44) 香			

형성평가

1. 非	2. 香	3. ④
4. ②	5. 必, 반드시 필	6. 知
7. 부족	8. 인형	9. 미래
10. 표면	11. 幸	12. 未
13. 知	14. ④	15. ①
16. ④	17. 文字	18. 非行
19. 不幸	20. 知人	

펴낸이 : 정지향
펴낸곳 : (주)기탄교육
기획·편집·디자인 : 기탄교육연구소
주소 : 06698 서울특별시 서초구 효령로 40 기탄출판센터
등록 : 제2000-000098호
전화 : (02) 586-1007
팩스 : (02) 586-2337

※ 서점에 갈 시간이 없거나 구하기 어려운 분은 인터넷 또는 전화로 신청하세요. 즉시 우송해 드립니다.

● www.gitan.co.kr

ⓒ (주)기탄교육 All rights reserved.
저작권자의 동의 없이 본 교재를 무단으로 복제하거나 전재하는 것을 금합니다.

E단계에서 배운 한자들

表 겉 표	形 모양 형	味 맛 미	香 향기 향				
不 아닐 불/부	非 아닐 비	未 아닐 미	必 반드시 필	知 알 지	加 더할 가	字 글자 자	幸 다행 행
告 알릴 고	共 함께 공	首 머리 수	民 백성 민	元 으뜸 원	先 먼저 선	年 해 년	回 돌 회
可 옳을 가	由 말미암을 유	原 근원 원	因 인할 인	同 같을 동	求 구할 구	失 잃을 실	反 돌이킬 반
寸 마디 촌	京 서울 경	品 물건 품	市 시장 시	巨 클 거	具 갖출 구	各 각각 각	曲 굽을/곡조 곡

기획·편집·디자인 기탄교육연구소
주소 06698 서울특별시 서초구 효령로 40 기탄출판센터 | **전화** (02) 586-1007 | **팩스** (02) 586-2337
ⓒ (주)기탄교육 All rights reserved. 본 교재의 저작에 관한 모든 권리는 (주)기탄교육에 있습니다. 저작권자의 동의 없이 본 교재를 무단으로 복제하거나 전재하는 것을 금합니다.

기탄 교과서 한자 쓰기 보따리

E3집
129a - 192a

기초부터 탄탄하게
G 기탄교육

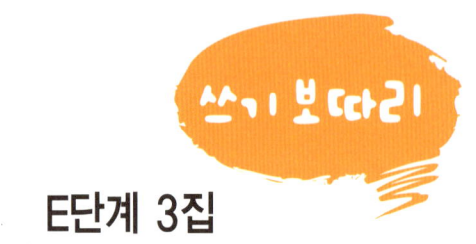

E단계 3집

필순이란?

한자를 가장 쉽고 편하게 쓰는 순서를 말합니다. 필순에 따라 한자를 쓰면 글자의 형태에 따른 짜임새를 파악하기 쉽고 맵시 있는 모양으로 한자를 써 나갈 수 있습니다.

 이와 같이 필순이란 한자의 모양을 정돈하고 바르게 쓰기 위해 오랜 세월동안 연구되어 오고 오늘날까지 전해져 내려온 것이므로 필순에 따라서 한자를 쓰는 것이 바람직합니다. 그러므로 한자마다 일정한 필순을 지니고 있습니다. 그러나 예외가 있는 것도 인정되고 한 글자에 두 가지의 필순이 있는 것도 있습니다. 이는 필순이 서로 다른 것이 존재한다는 것이지 틀린 것이 아닙니다.

 예전처럼 붓으로 한자를 쓰던 시대에는 점과 획의 순서와 방향에 따라 글자의 모양도 영향을 받았으나 현재처럼 필기구가 변화되고 컴퓨터에 의한 입력이 대부분인 시대에 와서는 예외적인 필순의 통용이 더욱 증가되는 추세입니다. 하지만 일반적인 필순은 반드시 지켜야 하는 기본 원칙이 존재합니다. 이 기본 원칙은 꼭 지키며 한자를 쓰는 습관이 중요합니다.

E단계 3집에서 익힌 한자와 한자어를 필순의 기본 원칙을 지키며 써 보세요.

漢字 쓰기

不의 훈음을 큰소리로 읽고 필순에 맞게 한자를 쓰세요.

아닐 불/부

一 부수 – 총 4획

一 フ 不 不

不 不 不 不

아닐 불/부   아닐 불/부   아닐 불/부   아닐 불/부

● 不로 만든 한자어 : 不足(부족)   不公平(불공평)   不平(불평)

漢字쓰기

非의 훈음을 큰소리로 읽고 필순에 맞게 한자를 쓰세요.

아닐 비

ノ ナ ヲ ヺ ヺ 非 非 非

非	非	非	非
아닐 비	아닐 비	아닐 비	아닐 비

非 부수 - 총 8획

● 非로 만든 한자어 : 非行(비행)   是非(시비)   非常口(비상구)

漢字쓰기

未의 훈음을 큰소리로 읽고 필순에 맞게 한자를 쓰세요.

아닐 미

一 二 キ 才 未

未	未	未	未
아닐 미	아닐 미	아닐 미	아닐 미

木 부수 – 총 5획

● 未로 만든 한자어 : 未安(미안)　未來(미래)　未完成(미완성)

● 必의 훈음을 큰소리로 읽고 필순에 맞게 한자를 쓰세요.

반드시 필

心 부수 – 총 5획

丶 ノ 必 必 必

必	必	必	必
반드시 필	반드시 필	반드시 필	반드시 필

● 必로 만든 한자어 : 必要(필요)   生必品(생필품)   不必要(불필요)

漢字쓰기

🈷 知의 훈음을 큰소리로 읽고 필순에 맞게 한자를 쓰세요.

知
알 지

丿 ㅅ ㄴ ㅑ 矢 矢 知 知

知	知	知	知
알 지	알 지	알 지	알 지

矢 부수 – 총 8획

● 知로 만든 한자어 : 知人(지인)　知己(지기)　告知(고지)

 漢字쓰기

加의 훈음을 큰소리로 읽고 필순에 맞게 한자를 쓰세요.

더할 가

ㄱ 力 加 加 加

加	加	加	加
더할 가	더할 가	더할 가	더할 가

力 부수 – 총 5획

● 加로 만든 한자어 : 加入(가입)　加味(가미)　加工(가공)

漢字쓰기

字의 훈음을 큰소리로 읽고 필순에 맞게 한자를 쓰세요.

글자 자

丶 丶 宀 宀 字 字

字	字	字	字
글자　자	글자　자	글자　자	글자　자

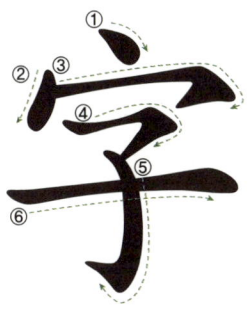

子 부수 – 총 6획

● 字로 만든 한자어 : 文字(문자)　　數字(숫자)　　十字(십자)

漢字 쓰기

幸의 훈음을 큰소리로 읽고 필순에 맞게 한자를 쓰세요.

다행 행

一 十 土 土
 吉 吉 吉 幸

幸	幸	幸	幸
다행 행	다행 행	다행 행	다행 행

干 부수 - 총 8획

● 幸으로 만든 한자어 : 多幸(다행)　　不幸(불행)　　幸福(행복)

漢字쓰기

表의 훈음을 큰소리로 읽고 필순에 맞게 한자를 쓰세요.

겉 표

一 = キ 主 ま 表 表 表

表	表	表	表
겉 표	겉 표	겉 표	겉 표

表
衣부수 – 총 8획

● 表로 만든 한자어 : 表面(표면)   表情(표정)   表明(표명)

E3집 쓰기 보따리 -9

漢字쓰기

✏️ 形의 훈음을 큰소리로 읽고 필순에 맞게 한자를 쓰세요.

모양 형

形
彡 부수 - 총 7획

一 二 F 开 形 形 形

形　形　形　形
모양 형　모양 형　모양 형　모양 형

● 形으로 만든 한자어 : 人形(인형)　三角形(삼각형)　地形(지형)

味의 훈음을 큰소리로 읽고 필순에 맞게 한자를 쓰세요.

味

맛 미

口부수 – 총 8획

ㅣ ㅁ ㅁ 口一 口二 口キ 口未 味			
味	味	味	味
맛 미	맛 미	맛 미	맛 미

● 味로 만든 한자어 : 意味(의미)　風味(풍미)　口味(구미)

漢字 쓰기

● 香의 훈음을 큰소리로 읽고 필순에 맞게 한자를 쓰세요.

향기 향

一 二 千 千 禾 禾 香 香 香

香	香	香	香
향기 향	향기 향	향기 향	향기 향

香 부수 - 총 9획

● 香으로 만든 한자어 : 香水(향수)   香氣(향기)   香(향)

漢字語 쓰기

◐ 不이 들어가는 한자어를 알아보고 빈 칸에 한자어를 쓰세요.

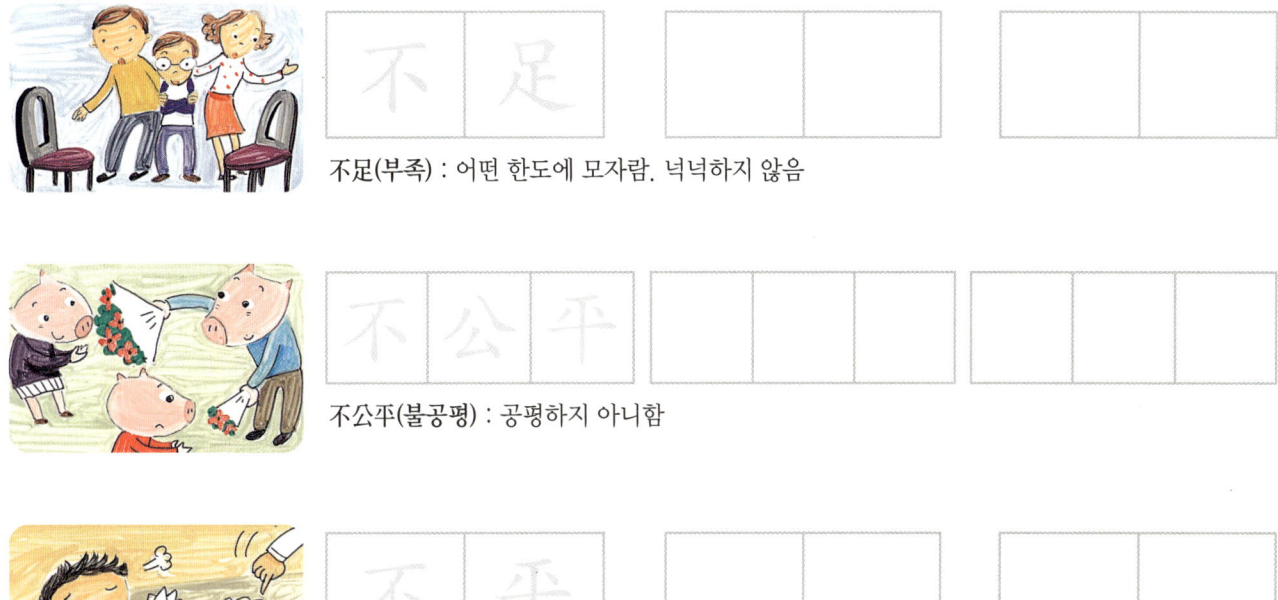

不足(부족) : 어떤 한도에 모자람. 넉넉하지 않음

不公平(불공평) : 공평하지 아니함

不平(불평) : 마음에 들지 않아 못마땅하게 여김

◐ 빈 칸에 알맞은 한자를 써 넣어 不이 들어가는 한자어를 알아보세요.

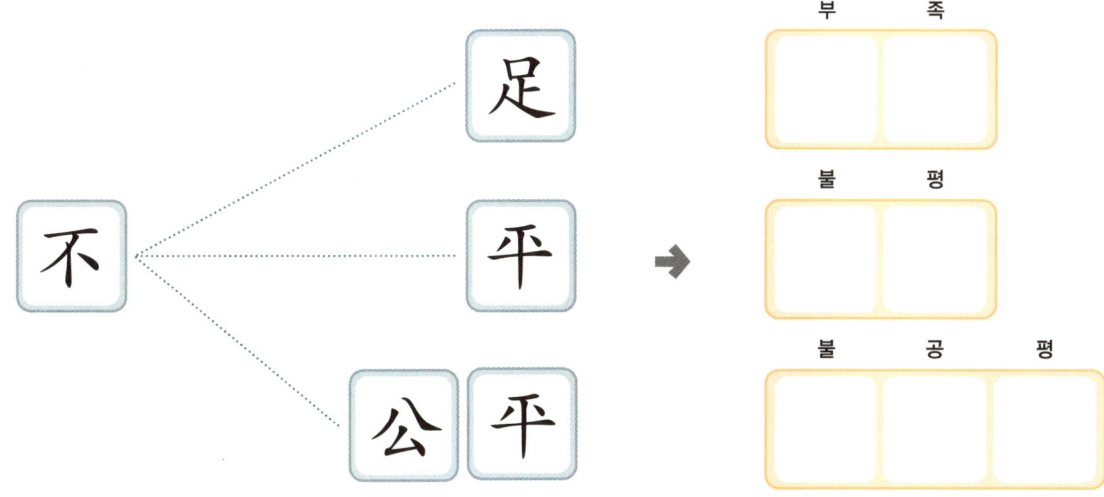

漢字語 쓰기

📖 非가 들어가는 한자어를 알아보고 빈 칸에 한자어를 쓰세요.

非行(비행) : 잘못되거나 그릇된 행위

是非(시비) : 옳음과 그름. 옳거니 그르거니 하는 말다툼

非常口(비상구) : 급작스런 사고가 일어났을 때 급히 대피할 수 있도록 마련한 문

📖 빈 칸에 알맞은 한자를 써 넣어 非가 들어가는 한자어를 알아보세요.

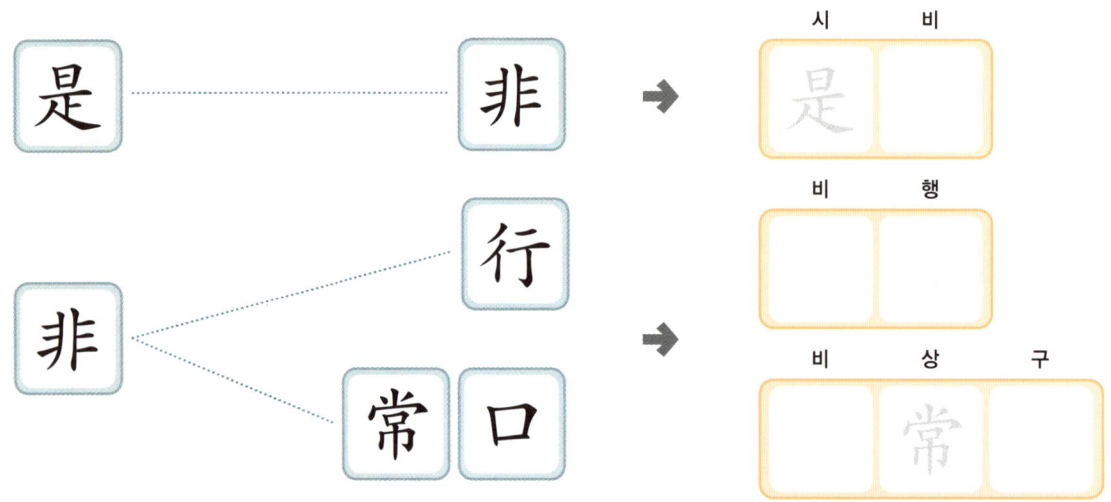

漢字語 쓰기

🔹 未가 들어가는 한자어를 알아보고 빈 칸에 한자어를 쓰세요.

未安(미안) : 남에게 폐를 끼쳐 마음이 편하지 못하고 거북함

未來(미래) : 아직 다가오지 않은 때

未完成(미완성) : 아직 완성하지 아니함

🔹 빈 칸에 알맞은 한자를 써 넣어 未가 들어가는 한자어를 알아보세요.

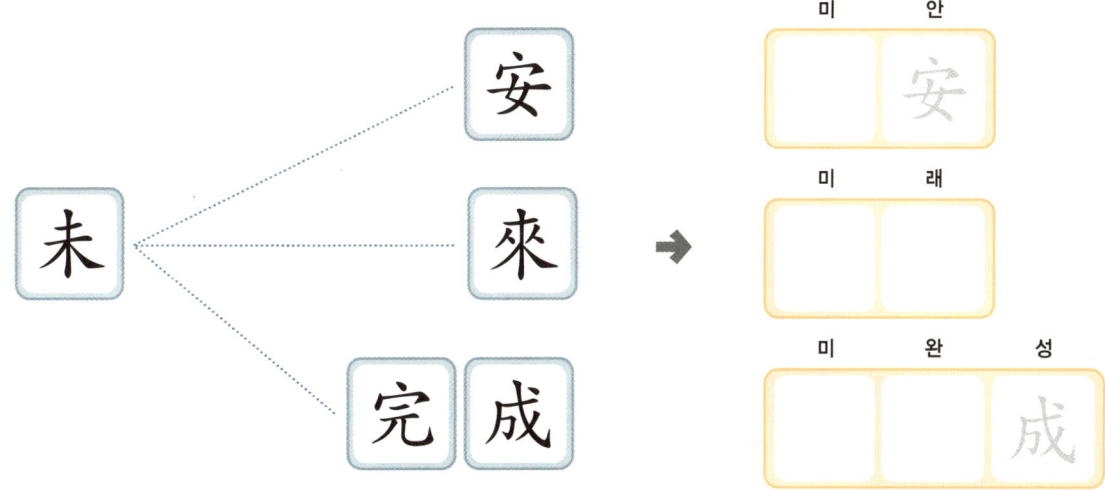

漢字語 쓰기

必이 들어가는 한자어를 알아보고 빈 칸에 한자어를 쓰세요.

必要(필요) : 꼭 소용이 됨

生必品(생필품) : 일상생활에 없어서는 안 될 물품

不必要(불필요) : 필요하지 아니함

빈 칸에 알맞은 한자를 써 넣어 必이 들어가는 한자어를 알아보세요.

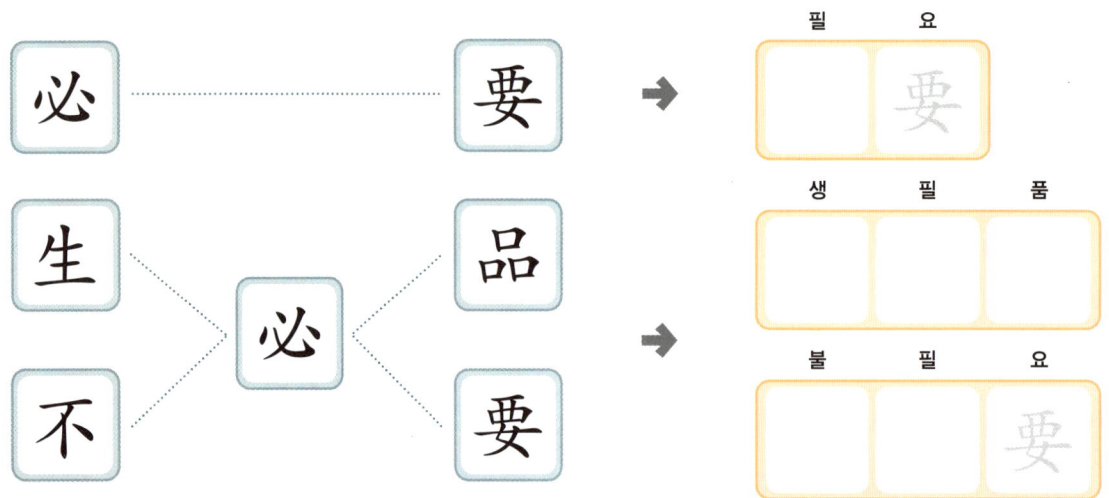

漢字語 쓰기

知가 들어가는 한자어를 알아보고 빈 칸에 한자어를 쓰세요.

知人(지인) : 아는 사람. 사람의 됨됨이를 앎

知己(지기) : 서로 마음을 알아주는 벗이란 뜻의 지기지우(知己之友)의 준말

告知(고지) : 게시나 글을 통하여 알림

빈 칸에 알맞은 한자를 써 넣어 知가 들어가는 한자어를 알아보세요.

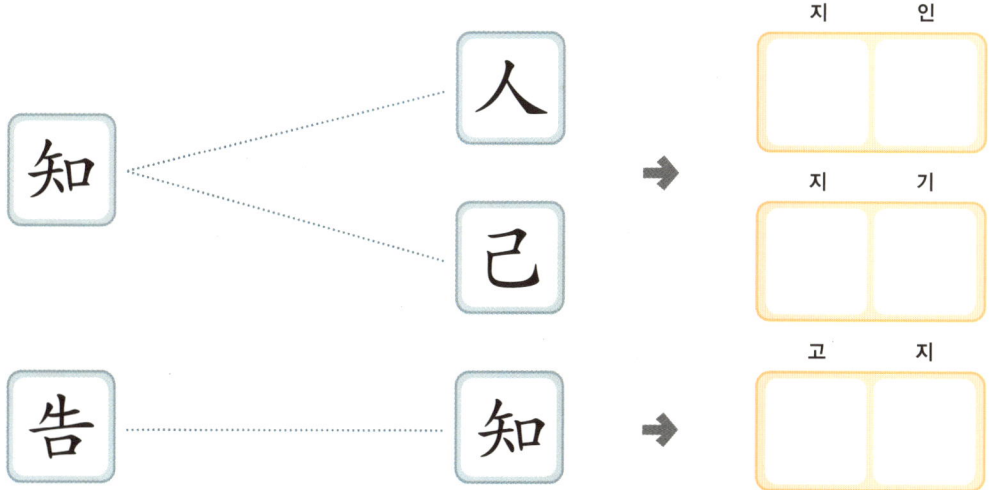

漢字語 쓰기

🍃 加가 들어가는 한자어를 알아보고 빈 칸에 한자어를 쓰세요.

加入(가입) : 단체나 조직 따위에 들어감

加味(가미) : 음식물에 양념이나 식료품을 더 넣어 맛이 나게 함

加工(가공) : 원료나 재료에 손을 더 대어 새로운 물건을 만드는 일

🍩 빈 칸에 알맞은 한자를 써 넣어 加가 들어가는 한자어를 알아보세요.

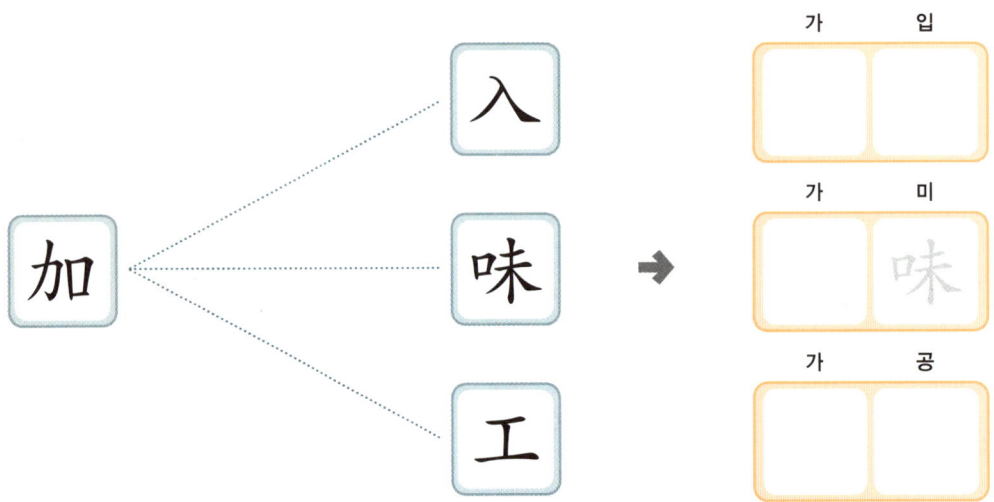

漢字語 쓰기

🔵 字가 들어가는 한자어를 알아보고 빈 칸에 한자어를 쓰세요.

文字(문자) : 글자. 예로부터 전해 내려오는 문구

數字(숫자) : 수를 나타내는 글자

十字(십자) : ① 한자의 '十'자를 일컫는 말 ② 十의 글자와 같은 모양 ③ 십자가

🟢 빈 칸에 알맞은 한자를 써 넣어 字가 들어가는 한자어를 알아보세요.

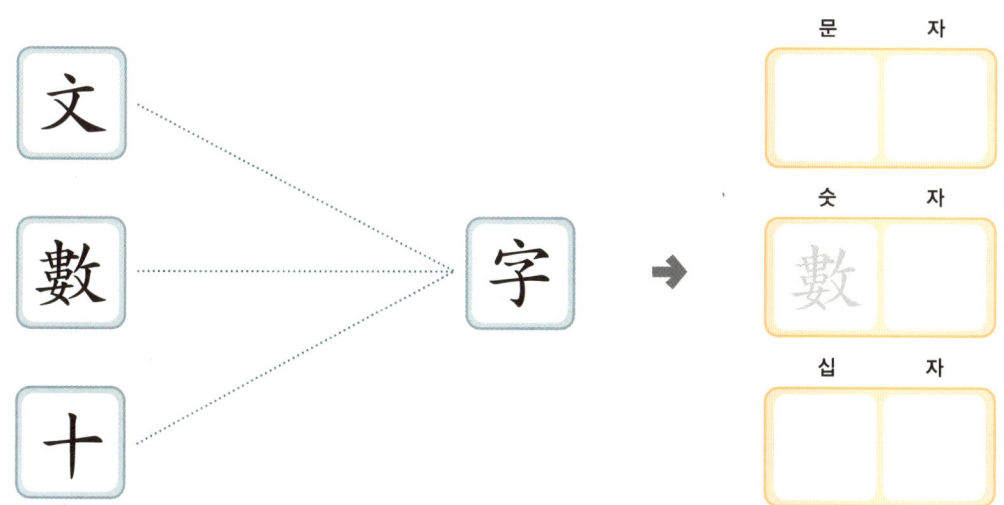

漢字語 쓰기

幸이 들어가는 한자어를 알아보고 빈 칸에 한자어를 쓰세요.

多幸(다행) : 일이 좋게 됨. 뜻밖에 잘 됨

不幸(불행) : 행복하지 못함

幸福(행복) : 복된 좋은 운수. 생활의 만족과 삶의 보람을 느끼는 흐뭇한 상태

빈 칸에 알맞은 한자를 써 넣어 幸이 들어가는 한자어를 알아보세요.

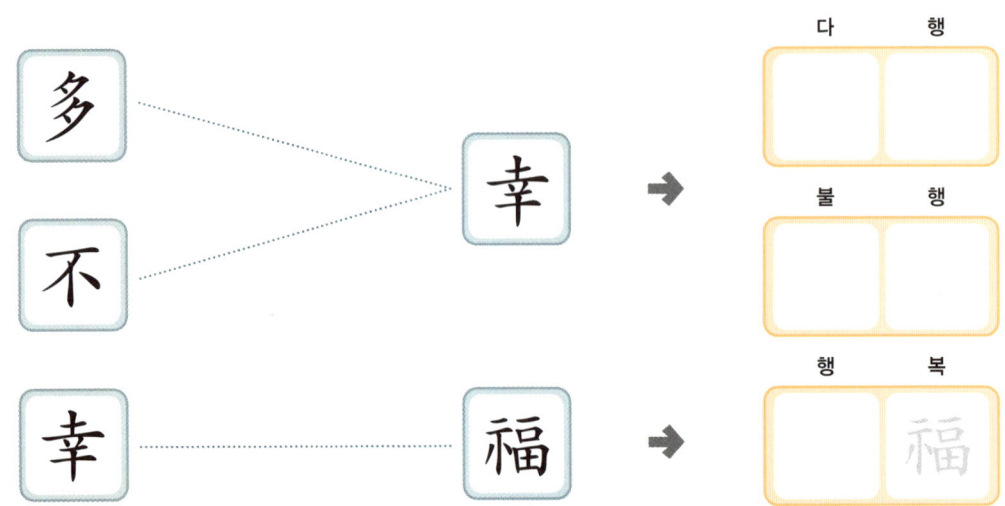

漢字語 쓰기

📖 表가 들어가는 한자어를 알아보고 빈 칸에 한자어를 쓰세요.

表面(표면) : 거죽으로 드러난 면. 겉. 겉면

表情(표정) : 마음 속의 감정이나 정서 따위의 심리 상태가 얼굴에 나타남

表明(표명) : 드러내어 명백히 함

🔵 빈 칸에 알맞은 한자를 써 넣어 表가 들어가는 한자어를 알아보세요.

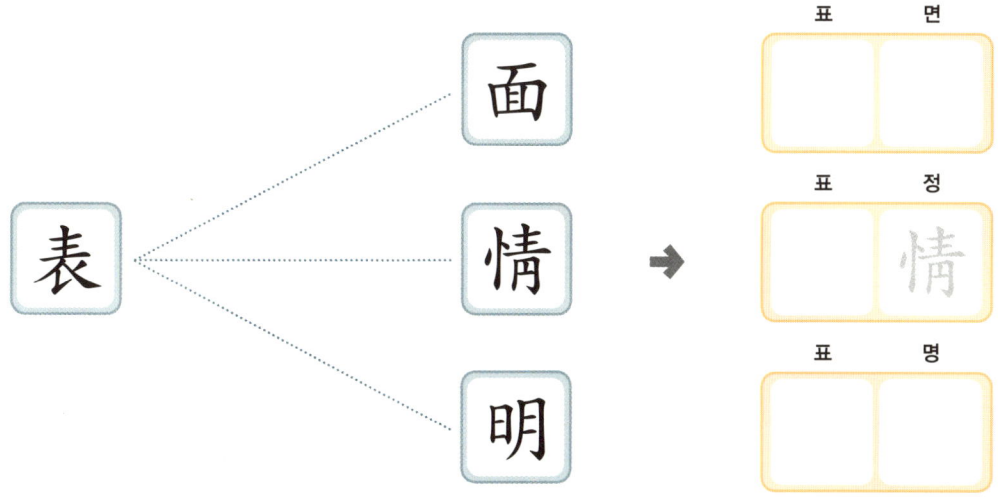

漢字語 쓰기

📝 形이 들어가는 한자어를 알아보고 빈 칸에 한자어를 쓰세요.

人形(인형) : 사람의 형상을 본떠 만든 장난감

三角形(삼각형) : 일직선 상에서 있지 않은 세 개의 점을 세 직선으로 연결하여 이루어진 도형

地形(지형) : 땅의 생긴 모양. 땅의 형태

📝 빈 칸에 알맞은 한자를 써 넣어 形이 들어가는 한자어를 알아보세요.

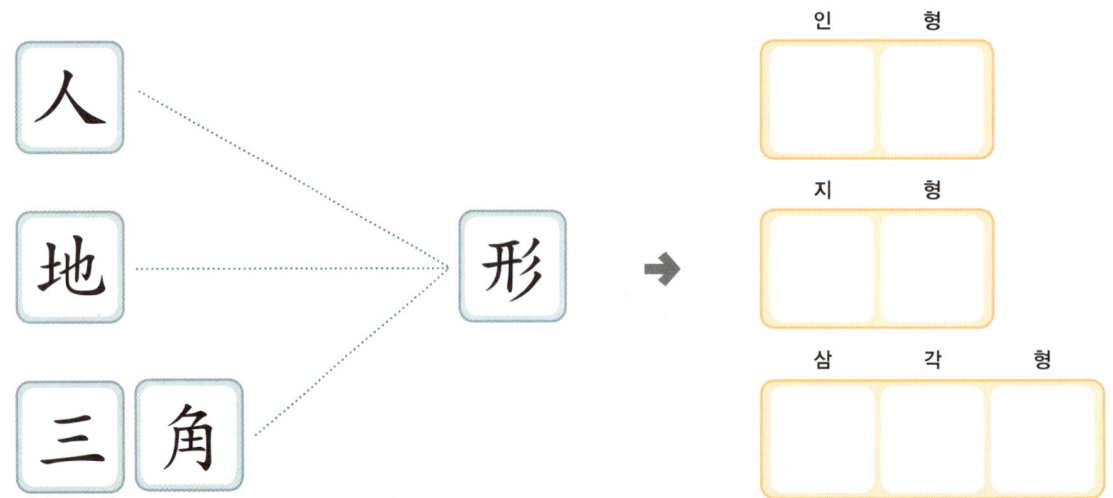

漢字語 쓰기

🔖 味가 들어가는 한자어를 알아보고 빈 칸에 한자어를 쓰세요.

意味(의미) : 어떤 말이 나타내고 있는 내용. 뜻

風味(풍미) : 음식의 좋은 맛. 사람 됨됨이의 고상한 멋

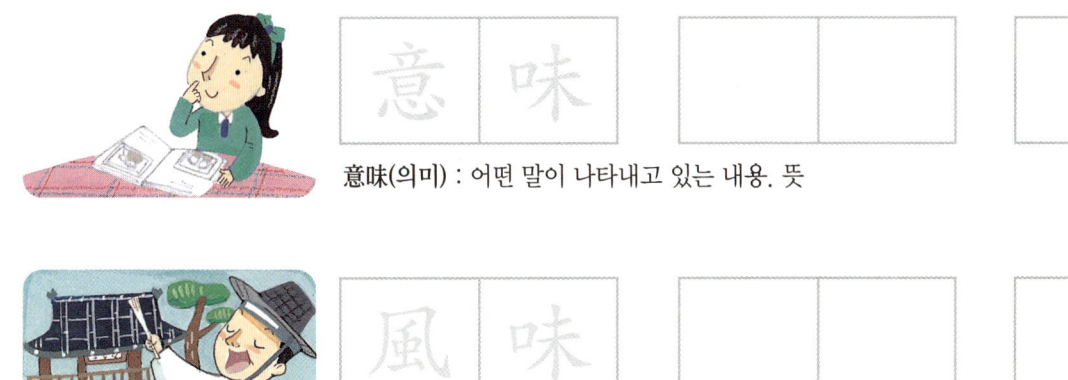

口味(구미) : 입맛

🔖 빈 칸에 알맞은 한자를 써 넣어 味가 들어가는 한자어를 알아보세요.

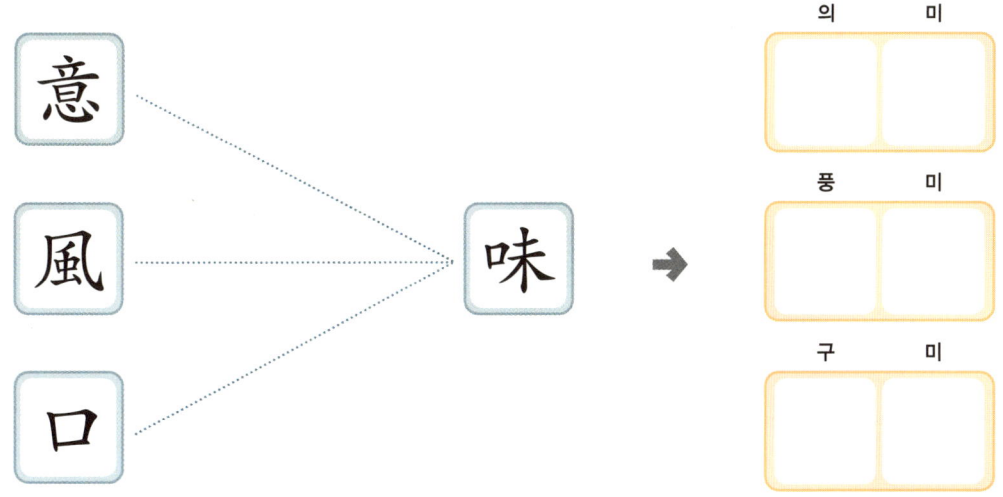

漢字語 쓰기

📖 香이 들어가는 한자어를 알아보고 빈 칸에 한자어를 쓰세요.

香水(향수) : 향료를 알코올에 풀어서 만든 액체 화장품의 한 가지

香氣(향기) : 꽃이나 향 따위에서 나는 기분 좋은 냄새

香(향) : 향냄새가 나는 물건. 제전 따위에 피우는 향 냄새 나는 물건

✏️ 빈 칸에 알맞은 한자를 써 넣어 香이 들어가는 한자어를 알아보세요.

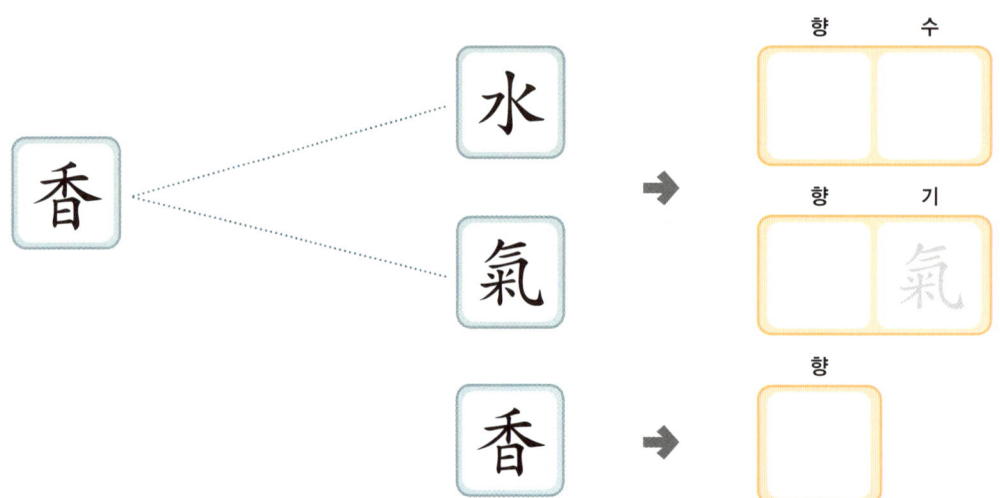

필순의 일반적 원칙

1. 위에서 아래로 씁니다.

   三 : 一 二 三   言 : 丶 一 二 三 言 言 言

2. 왼쪽에서 오른쪽으로 씁니다.

   川 : 丿 丿丨 川   林 : 一 十 才 木 朴 村 林

3. 가로획과 세로획이 교차될 때는 가로획을 먼저 씁니다.

   十 : 一 十   土 : 一 十 土

4. 좌우의 모양이 같을 때는 가운데를 먼저 씁니다.

   小 : 亅 小 小   水 : 亅 기 水 水

5. 전체를 꿰뚫는 획은 제일 나중에 씁니다.

   中 : 丨 ㄇ 口 中   母 : ㄑ 므 므 母 母

6. 바깥쪽과 안쪽이 있을 때는 바깥쪽을 먼저 씁니다.

   風 : 丿 几 凡 凡 凨 凨 凨 風 風   向 : 丿 丨 冂 向 向 向

7. 둘레를 막아 주는 획은 마지막에 씁니다.

   目 : 丨 冂 冃 目 目   四 : 丨 冂 冂 四 四

기탄 한자 쓰기 보따리

펴낸이 : 정지향 | 펴낸곳 : (주)기탄교육 | 기획·편집·디자인 : 기탄교육연구소
주소 : 06698 서울특별시 서초구 효령로 40 기탄출판센터 | 등록 : 제2000-000098호 | 전화 : (02)586-1007 | 팩스 : (02)586-2337

※서점에 갈 시간이 없거나 구하기 어려운 분은 인터넷 또는 전화로 신청하세요. 즉시 우송해 드립니다. www.gitan.co.kr

ⓒ (주)기탄교육 All rights reserved. 본 교재의 저작에 관한 모든 권리는 (주)기탄교육에 있습니다.
저작권자의 동의 없이 본 교재를 무단으로 복제하거나 전재하는 것을 금합니다.